江苏省地方标准

江苏省高速公路建设工程施工安全技术规程

Expressway Engineering Construction Safety Technology Rules of Jiangsu Province

DB 32/T 2618—2014

China Communications Press Co.,Ltd.

图书在版编目(CIP)数据

江苏省高速公路建设工程施工安全技术规程/江苏省交通工程建设局,江苏省交通工程集团有限公司编. —北京:人民交通出版社股份有限公司,2014.9
ISBN 978-7-114-11711-4

Ⅰ.①江… Ⅱ.①江…②江… Ⅲ.①高速公路—道路施工—安全规程—江苏省 Ⅳ.①U415.12-65

中国版本图书馆 CIP 数据核字(2014)第 215307 号

江苏省地方标准

书　　名：	江苏省高速公路建设工程施工安全技术规程(DB 32/T 2618—2014)
著　作　者：	江苏省交通工程建设局　江苏省交通工程集团有限公司
责任编辑：	赵瑞琴
出版发行：	人民交通出版社股份有限公司
地　　址：	(100011)北京市朝阳区安定门外外馆斜街3号
网　　址：	http://www.ccpress.com.cn
销售电话：	(010)59757973
总　经　销：	人民交通出版社股份有限公司发行部
经　　销：	各地新华书店
印　　刷：	北京市密东印刷有限公司
开　　本：	880×1230　1/16
印　　张：	3.25
字　　数：	85 千
版　　次：	2014 年 9 月　第 1 版
印　　次：	2014 年 9 月　第 1 次印刷
书　　号：	ISBN 978-7-114-11711-4
定　　价：	28.00 元

(有印刷、装订质量问题的图书由本公司负责调换)

江苏省交通运输厅文件

苏交技〔2014〕26 号

省交通运输厅关于转发中国国家标准化管理委员会 2014 年第 3 号（总第 171 号）《中华人民共和国地方标准备案公告》的通知

各有关单位：

由江苏省交通运输厅提出、江苏省交通工程建设局组织编写的《江苏省高速公路建设工程施工安全技术规程》（DB 32/T2618—2014）已通过江苏省质量技术监督局评审，并由中国国家标准化管理委员会以 2014 年第 3 号（总第 171 号）《中华人民共和国地方标准备案公告》批准并予以公布，于 2014 年 2 月 10 日起实施。现将该公告转发给你们，请在工程实践中遵照执行。

请各有关单位在实践中注意积累资料，总结经验，及时将发现的问题和修改意见函告江苏省交通工程建设局（南京市石鼓路 69 号，邮政编码：210004），以便修订时参考。

附件：中国国家标准化管理委员会 2014 年第 3 号（总第 171 号）《中华人民共和国地方标准备案公告》

抄送：江苏省质量技术监督局

江苏省交通运输厅办公室　　　　　　　　　　　　　2014 年 8 月 25 日印发

附件：

中华人民共和国地方标准备案公告

2014 年第 3 号（总第 171 号）

国家标准化委员会依法备案地方标准 824 项，现予公告（见附表）。

国家标准委
2014 年 3 月 28 日

附表

序号	备案号	标准编号	标准名称	代替标准号	批准日期	实施日期	标准主管部门
1	41107—2014	DB 32/T 449—2013	美系白色獭兔	DB 32/T 449—2002	2013-12-30	2014-01-20	江苏省质量技术监督局
696	41332—2014	DB 32/T 2615—2014	青奥场馆压力管道安全保障及地理信息系统（GIS）管理技术服务规范		2014-01-10	2014-02-10	江苏省质量技术监督局
697	41333—2014	DB 32/T 2616—2014	锅炉安全与节能远程监测技术要求		2014-01-10	2014-02-10	江苏省质量技术监督局
698	41334—2014	DB 32/T 2617—2014	刀片服务器能效标准及节能评价		2014-01-10	2014-02-10	江苏省质量技术监督局
699	41335—2014	DB 32/T 2618—2014	江苏省高速公路建设工程施工安全技术规程		2014-01-10	2014-02-10	江苏省质量技术监督局
700	41336—2014	DB 32/T 2619—2014	硅藻精土改性沥青混合料施工技术规范		2014-01-10	2014-02-10	江苏省质量技术监督局

前　言

为全面贯彻《中华人民共和国安全生产法》、《建设工程安全生产管理条例》(国务院令第 393 号)、《公路水运工程安全生产监督管理办法》(交通部令 2007 年第 1 号)、《江苏省安全生产条例》(省十一届人大公告第 17 号)等法律法规,落实"安全第一,预防为主,综合治理"的安全方针,进一步规范江苏省高速公路建设工程安全管理行为及技术管理要求,确保江苏省高速公路建设工程施工安全,制定本规程。

本规程根据《标准化工作导则　第一部分:标准的结构和编写规则》(GB/T 1.1—2009)和国家现行的相关规范、标准制定。

本规程由江苏省交通运输厅提出并归口。

本规程起草单位:江苏省交通工程建设局　江苏省交通工程集团有限公司

本规程主要起草人:何　平　赵　偃　黄　健　缪玉玲　张　军　费国新　陈桂奇　张晓宇
　　　　　　　　林江凌　西　胡国喜　胡　虤　杨　林　钱　江　郑晨晖　高明生
　　　　　　　　庄月明　杨　波　岳红宇　杨国俊　王寿伟

目　次

1 范围 ··· 1
2 规范性引用文件 ··· 1
3 术语与定义 ··· 1
4 安全管理基本要求 ·· 2
　4.1 组织管理 ·· 2
　4.2 人员管理 ·· 3
　4.3 设备管理 ·· 3
　4.4 费用管理 ·· 4
　4.5 技术管理 ·· 4
　4.6 过程管理 ·· 6
5 通用安全技术要求 ·· 7
　5.1 劳动防护用品 ·· 7
　5.2 临时用电 ·· 7
　5.3 消防 ·· 10
　5.4 特种设备 ·· 11
　5.5 人行通道 ·· 12
　5.6 临边与洞口作业安全防护 ·· 12
　5.7 高处作业 ·· 12
　5.8 水上水下作业 ·· 13
　5.9 安全标志标牌 ·· 13
6 驻地建设及临时设施 ··· 14
　6.1 驻地建设 ·· 14
　6.2 临时设施 ·· 14
7 路基工程 ·· 15
　7.1 一般规定 ·· 15
　7.2 地基处理 ·· 15
　7.3 填方路基 ·· 16
　7.4 挖方路基 ·· 16
　7.5 防护、排水工程 ··· 16
　7.6 取土场 ··· 17
8 路面工程 ·· 17
　8.1 一般规定 ·· 17
　8.2 底基层、基层 ·· 17
　8.3 沥青路面 ·· 17
　8.4 水泥混凝土面层 ··· 18
9 桥梁工程 ·· 18
　9.1 一般规定 ·· 18
　9.2 钢筋 ·· 18

- 9.3 预应力工程 ... 19
- 9.4 模板、支架与脚手架 ... 19
- 9.5 混凝土 ... 20
- 9.6 桩基础 ... 20
- 9.7 沉井 ... 22
- 9.8 扩大基础及承台 ... 22
- 9.9 桥墩(台) ... 24
- 9.10 钢筋混凝土和预应力混凝土梁式桥 ... 25
- 9.11 钢筋混凝土和钢管混凝土系杆拱桥 ... 29
- 9.12 斜拉桥 ... 30
- 9.13 悬索桥 ... 31
- 9.14 桥面系及附属工程 ... 33

10 隧道工程 ... 34
- 10.1 一般规定 ... 34
- 10.2 洞口与明洞工程 ... 34
- 10.3 洞身开挖 ... 35
- 10.4 出渣与运输 ... 36
- 10.5 支护 ... 37
- 10.6 仰拱和底板 ... 38
- 10.7 衬砌 ... 38
- 10.8 通风与防尘 ... 39
- 10.9 供电与照明 ... 39
- 10.10 防水与排水 ... 40
- 10.11 应急处置 ... 40

11 特殊路段施工 ... 40
- 11.1 一般规定 ... 40
- 11.2 边通车边施工 ... 41
- 11.3 跨线施工 ... 41

12 拆除工程 ... 41
- 12.1 一般规定 ... 41
- 12.2 机械拆除 ... 41
- 12.3 爆破拆除 ... 42

13 其他工程 ... 42
- 13.1 一般规定 ... 42
- 13.2 房建工程 ... 42
- 13.3 绿化工程 ... 42
- 13.4 监控、收费、通信系统及配电照明 ... 43
- 13.5 交通安全设施 ... 43

14 恶劣气候及夜间施工 ... 43

江苏省高速公路建设工程施工安全技术规程

1 范围

本规程规定了江苏省高速公路建设工程施工安全管理及技术要求。

本规程适用于江苏省高速公路新建工程施工作业，其他等级公路工程及改（扩）建工程施工作业可参照执行。

2 规范性引用文件

下列文件对于本文件的应用是必不可少的。凡是注日期的引用文件，仅所注日期的版本适用于本文件。凡是不注日期的引用文件，其最新版本（包括所有的修改单）适用于本文件。

GB 2250	焊接及切割用橡胶软管 氧气橡胶软管
GB 2251	焊接及切割用橡胶软管 乙炔橡胶软管
GB 2894	安全标志及其使用导则
GB 3095	环境空气质量标准
GB 5725	安全网
GB/T 5972	起重机 钢丝绳 保养、维护、安装、检验和报废
GB 6722	爆破安全规程
GB/T 9465	高空作业车
GB 13495	消防安全标志
GB/T 13869	用电安全导则
GB 50194	建设工程施工现场供用电安全规范
GB 50720	建设工程施工现场消防安全技术规范
AQ/T 9002	生产经营单位安全生产事故应急预案编制导则
JGJ 46	施工现场临时用电安全技术规范
JGJ 128	建筑施工门式钢管脚手架安全技术规范
JGJ 130	建筑施工扣件式钢管脚手架安全技术规范
JGJ 166	建筑施工碗扣式钢管脚手架安全技术规范
JGJ 276	建筑施工起重吊装安全技术规范
JTG F60	公路隧道施工技术规范
DB 32/T 1363	江苏省高速公路养护施工安全技术规程

公路水运工程安全生产监督管理办法（交通部令2007年第1号）
煤矿安全规程（国家安全生产监督管理局 国家煤矿安全监察局）
铁路营业线施工安全管理办法（铁运〔2012〕280号）

3 术语与定义

下列术语和定义适用于本规程。

3.0.1 项目安全管理人员 Project Safety Administrators

是指施工合同段的项目经理、项目副经理、项目总工程师、专职安全员等。

3.0.2 第三方 Third Parties

是指独立于施工合同段建设、施工单位之外的，具备相应资质的单位或个人。

3.0.3 危险性较大的工程 Projects with High Risks

是指在施工过程中存在的、可能导致作业人员群死群伤或造成重大不良社会影响的分部分项工程及其他工程。

3.0.4 特种设备 Special Equipment

是指对人身和财产安全有较大危险性的锅炉、压力容器(含气瓶)、压力管道、电梯、起重机械、场(厂)内专用机动车辆以及适用于《特种设备安全法》等法律法规规定的其他设备。

3.0.5 关键设备 Key Equipment

是指虽未列入特种设备名录但在施工生产中危险性较大的设备。包括工具式模板(如爬模、滑模、翻模等)、移动模架、挂篮等。

3.0.6 主要设备 Major Equipment

是指在施工生产中存在危险性的设备。包括拌和设备、桩工机械、场内机动车辆、运输设备、工程用船舶以及其他存在危险性的设备。

3.0.7 一般设备 General Equipment

是指施工生产中使用的中小型机械设备。包括钢筋加工机械、模板加工机械、手持电动工具等。

3.0.8 特种作业 Special Operations

是指容易发生事故，对操作者本人、他人及周围设施的安全可能造成重大危害的作业。包括电工作业、焊接与热切割作业、高处作业等及符合国务院安全监督管理部门规定的其他作业。

3.0.9 特种作业人员 Special Operations Personnel

是指直接从事特种作业的从业人员。

3.0.10 特种设备作业人员 Special Equipment Operation Personnel

是指锅炉、压力容器(含气瓶)、压力管道、电梯、起重机械、场(厂)内专用机动车辆等特种设备的作业人员及其相关管理人员。

3.0.11 人行通道 Pioneer Access

是指单独设置的，专供人员水平和上下通行的通道及平台。

3.0.12 高处作业 High Altitude Operations

是指在坠落基准面 2m 以上有可能坠落的高处进行的作业。

3.0.13 临边作业 Limb Operations

是指施工现场中工作面边沿无围护设施或围护设施高度低于 800mm 时的高处作业。

3.0.14 洞口作业 Cave Operations

是指在施工现场及通道旁深度 2m 以上的桩孔、人孔、沟槽与管道孔洞等边沿上的高处作业，以及因工程和工序需要而产生的，使人与物有坠落危险或危及人身安全的其他洞口边沿进行的高处作业。

4 安全管理基本要求

4.1 组织管理

4.1.1 施工单位必须建立项目安全生产管理机构，设立安全生产管理部门。明确各部门、岗位的安全生产职责，签订安全生产责任状。管理层发生变更时，应及时按规定办理相关变更手续。

4.1.2 施工单位必须配备项目专职安全副经理，并按《公路水运工程安全生产监督管理办法》(交通部令 2007 年第 1 号)的规定配足专职安全员。

4.1.3 工程开工前,施工单位必须制订项目安全生产管理制度,基本制度应涵盖表4.1.3中内容。项目安全管理制度应以文件形式下发,并报备监理单位。

表4.1.3 安全生产管理基本制度

序号	制度名称	序号	制度名称
1	安全生产责任制	11	安全技术交底制度
2	人员管理制度	12	安全会议制度
3	机械设备管理制度	13	安全检查与整改制度
4	安全物资管理制度	14	项目负责人施工现场带班生产制度
5	安全生产费用管理制度	15	临时用电管理制度
6	危险源辨识、监控管理制度	16	消防安全管理制度
7	事故隐患排查和治理制度	17	危险品管理制度
8	危险性较大的工程安全管理制度	18	安全考核及奖惩制度
9	安全生产条件检查制度	19	应急管理制度
10	安全教育培训制度	20	事故报告制度

4.1.4 施工单位依法将工程分包的,分包合同中应明确各自安全生产方面的权利与义务。

4.2 人员管理

4.2.1 施工单位必须对现场从业人员进行安全生产教育和培训,未经安全生产教育培训合格的从业人员不得上岗作业。

4.2.2 应对所有进场人员及时分类办理实名登记手续并进行动态管理,项目负责人、现场专职安全员、特种作业人员及特种设备作业人员应进行单独登记管理。

4.2.3 项目安全管理人员必须持证上岗,项目经理、项目副经理、项目总工必须持有B类安全生产考核合格证书,现场专职安全员必须持有C类安全生产考核合格证书。

4.2.4 特种作业人员及特种设备作业人员必须持证上岗。有关法律、行政法规和行业主管部门对其他作业人员管理另有规定的,从其规定。

4.2.5 施工单位必须为施工现场的人员办理意外伤害保险。

4.2.6 严禁使用未成年工,不得安排女职工及有病史人员从事有关禁忌作业。

4.3 设备管理

4.3.1 机械设备进场后,施工单位应及时对其组织验收,并按照特种设备、关键设备、主要设备及一般设备进行分类登记、管理。禁止使用国家明令淘汰和已经报废的设备。

4.3.2 特种设备必须经法定检验机构检验合格后方可使用,检测合格证书应置于或附着于特种设备的显著位置。

4.3.3 特种设备使用单位应按规定在特种设备安全监督管理部门办理使用登记手续。

4.3.4 施工单位必须分类建立设备管理台账,特种及关键设备必须实行"一机一档"管理,档案应包括以下内容:

(1)设备的设计文件、产品质量合格证明、安装及使用维护保养说明、监督检验证明等相关技术资料和文件;

(2)设备的定期检验和定期自行检查记录;

(3)设备的日常使用状况记录;

(4)设备及其附属仪器仪表的维护保养记录;

(5)设备的运行故障和事故记录;

(6)特种设备作业人员证书。

4.3.5 施工单位应按规定对气瓶、油料等危险化学品分类登记,并建立进出库台账。

4.4 费用管理

4.4.1 安全生产费用使用应符合国家、行业主管部门及合同的有关规定。依法将工程分包的,分包合同中应明确分包工程安全生产费用使用及支付等条款。

4.4.2 项目开工前,施工单位应编制安全生产费用总体使用计划,随开工报告报监理审批。每月应编制安全生产费用月度使用计划,并报监理备案。

4.4.3 安全费用计量凭证必须经专职安全员签字确认、项目经理审核后,报监理审批。

4.4.4 施工单位应建立安全生产费用使用台账。

4.5 技术管理

4.5.1 施工单位应按规定并结合工程实际情况进行施工安全风险评估,总体风险评估应在工程开工前完成,专项风险评估应在评估单元施工前完成。

4.5.2 工程开工前,施工单位应识别和确定危险性较大的工程,制订危险性较大的工程的安全专项方案编制计划。分部分项工程的安全专项方案应根据单元划分要求进行编制。

4.5.3 施工单位应在施工组织设计中编制安全技术措施和施工现场临时用电方案;危险性较大的工程应按照表4.5.3的规定编制安全专项方案。

4.5.4 安全专项方案应结合工程工序特点制定相应的安全应对措施、附安全验算结果,并经施工法人单位技术负责人审核签认后报总监审批。需要进行专家论证的专项方案,施工单位应及时组织专家论证;需要经第三方复核的应提供验算复核资料。

表4.5.3 危险性较大的工程一览表

序号	类别	危险性较大的工程及工作内容	专家论证	第三方复核
1	路基	构筑物基坑开挖深度3m以上,或虽未达到3m但地质条件和周边环境复杂的工程		
2		粉喷桩、湿喷桩、打入(静压)桩、强夯等地基处理工程		
3		不良地质条件下有潜在危险性的土方、石方开挖工程		
4		石质边坡高度30m以上、土质边坡高度15m以上的边坡防护工程		
5		大型或复杂的边坡防护工程(锚固防护、抗滑桩等)	√	
6		爆破工程	√	
7	路面	沥青混凝土拌和楼安装、拆除		
8		交通组织	√	

续上表

序号	类别	危险性较大的工程及工作内容		专家论证	第三方复核
9	桥梁	基坑(槽)的土方开挖、支护、降水工程	开挖深度3m以上,或虽未达到3m但地质条件和周边环境复杂的工程		
10			开挖深度5m以上,或开挖深度虽未达到5m但地质条件、周围环境和地下管线复杂,或影响毗邻建筑(构筑)物安全的工程	√	
11		深水基础及围堰工程	水深小于5m		
12			水深5m以上	√	√
13		桩基础、挡墙基础			
14		人工挖孔桩基础	开挖深度小于10m		
15			开挖深度10m以上	√	
16		沉井基础		√	√
17		工具式模板工程(爬模、翻模、大型模板等)、移动模架工程		√	
18		支架现浇混凝土工程	支撑高度8m以下,或者跨度18m以下,或者施工总荷载15kN/m² 以下,或者集中线荷载20kN/m以下		
19			支撑高度8m以上,或者跨度18m以上,或者施工总荷载15kN/m² 以上,或者集中线荷载20kN/m以上	√	√
20		用于钢结构安装等满堂承重支撑体系	承受单点集中荷载7kN以下		
21			承受单点集中荷载7kN以上	√	√
22		墩、柱工程	高度20m以下		
23			高度20m以上	√	
24		梁(板)预制、安装工程	梁(板)预制、重150t以下或梁长50m以下的梁板安装		
25			重150t以上或梁长50m以上的梁板安装	√	
26		拱肋预制(加工)、吊装工程		√	
27		悬浇、悬拼、转体、顶推施工工程		√	
28		斜拉桥索塔、主梁、斜拉索施工工程		√	
29		悬索桥锚碇、索塔、猫道、主梁、缆索施工工程		√	
30	隧道	预应力工程			
31		跨线施工工程	跨一级公路以下、Ⅳ级以下航道施工		
32			跨铁路、一级公路以上、Ⅳ级以上航道施工	√	
33		起重机械设备自身的安装、拆卸工程			
34		水上工程中的打桩船作业、施工船作业等			
35		水下工程中的水下焊接、混凝土浇注、爆破工程等			

续上表

序号	类别	危险性较大的工程及工作内容		专家论证	第三方复核
36	隧道	隧道出渣、运输工程			
37		隧道支护、衬砌工程			
38		隧道洞口、明洞工程			
39		洞身开挖工程		√	
40		隧道锚杆工程		√	
41		溶洞、暗河、瓦斯、岩爆、涌水突泥、断层等不良地质隧道，浅埋段、偏压严重段隧道掘进工程		√	
42		长隧道和Ⅳ级及以下围岩的短隧道初期支护工程		√	
43	拆除	一般结构物拆除工程			
44		拆除拱、梁等较易坠落、坍塌的工程，可能影响行人、交通、电力设施、通信设施或其他建(构)筑物安全的拆除工程，采用爆破拆除的工程		√	
45	其他	边通车边施工工程		√	
46		20m以上高空作业的工程		√	
47		落地式钢管脚手架工程	高度24m以上		
			高度50m以上	√	
48		便(栈)桥、码头的架设与拆除			√
49		临时用电施工组织设计		√	
50		采用新技术、新工艺、新材料、新设备的危险性较大的工程		视具体情况定	
51		其他危险性较大的工程		视具体情况定	

4.5.5 施工单位应严格按照批准的安全专项方案组织施工，不得擅自修改、调整；确需修改时，必须重新履行审批手续。

4.5.6 施工现场施工单位应对危险源进行辨识和登记，分级编制危险源清单，设置危险源告知牌，并加强日常监控。遇有施工图纸、施工工艺、作业环境等发生变化时，应重新辨识危险源。

4.6 过程管理

4.6.1 工程项目及分部分项工程开工前，施工单位应进行安全生产条件检查并接受建设单位、监理单位审查，不具备安全生产条件的不得开工。检查项目至少涵盖表4.6.1中的内容。

4.6.2 施工现场从业人员上岗前必须经过三级安全教育培训，学时不少于24学时；每年还应接受不少于2次在岗安全继续教育，其中项目负责人、专职安全员、特种作业人员不少于32学时，其他人员不少于16学时。

换岗、复工或采用新技术、新工艺、新材料、新设备的从业人员，应接受不少于8学时的岗前安全教育培训。

表 4.6.1 安全生产条件检查内容

序号	工程项目开工安全生产条件检查	分部分项工程开工安全生产条件检查
1	安全管理组织机构建立情况	安全专项方案审批情况
2	安全生产管理制度及操作规程建立情况	临时用电落实情况
3	人员到位和持证情况	施工现场安全措施落实情况
4	施工设备报验情况	特种作业人员持证情况
5	施工现场管线复核情况	施工设备报验情况
6	施工风险辨识及防控措施制定情况	施工人员岗前教育情况
7	施工组织设计和临时用电方案编制审批情况	安全技术交底情况
8	危险性较大的工程的安全专项方案编制计划报批情况	
9	安全生产费用投入计划报批情况	

4.6.3 安全技术交底应分级进行,并采用书面形式。专职安全员应全过程参与并监督安全技术交底工作。

施工过程中如施工方法、作业环境发生变化时,应重新进行交底。

4.6.4 施工单位每月至少召开一次安全生产例会,参加人员为全体安全管理人员、各部门负责人及施工队(班组)负责人。对于危险性较大的工程的安全专项方案的审查、重大事故隐患的整改、重要的施工节点等,应召开安全专题会议。

4.6.5 项目负责人应切实履行带班生产职责,项目经理应每月组织不少于1次的安全大检查;现场专职安全员应每天对施工现场进行安全巡查;遇有恶劣自然条件、重大节假日、重大活动、重要施工节点、停工整改复查以及开展专项安全生产活动等,应由项目负责人组织安全专项检查。对上级管理单位检查发现的问题,施工单位应按要求及时进行整改并反馈。

4.6.6 施工单位应根据安全考核及奖惩制度定期进行安全考核。

4.6.7 施工单位应根据工程特点编制应急预案,定期组织演练。应急预案内容应符合《生产经营单位安全生产事故应急预案编制导则》(AQ/T9002)的有关规定。事故发生后,施工单位应立即启动应急救援预案,组织现场救援,同时按规定及时如实上报,不得迟报、漏报、谎报和瞒报。

4.6.8 施工单位应按规定建立安全生产管理档案。

5 通用安全技术要求

5.1 劳动防护用品

5.1.1 施工单位应根据具体工种、劳动环境和施工条件,为从业人员配备符合国家或行业标准的劳动防护用品。

5.1.2 施工单位应建立劳动防护用品的采购、验收、保管、发放、领用、报废等管理台账。

5.1.3 进入施工现场的人员必须正确佩戴安全帽。根据作业环境不同,粉尘场所施工作业人员应佩戴防尘口罩;高处作业人员应穿防滑鞋,佩戴安全带。水上作业人员应穿救生衣;电工作业人员应戴绝缘手套,穿绝缘鞋。

5.2 临时用电

5.2.1 一般规定

5.2.1.1 施工现场临时用电安全应符合《用电安全导则》(GB/T 13869)的有关规定。

5.2.1.2 施工现场临时用电管理、外电线路与电气设备防护、接地与防雷、配电室与自备电源、配电线路、配电箱及开关箱、电动机械和手持式电动工具以及照明等,应符合《施工现场临时用电安全技术规范》(JGJ 46)的相关规定。

5.2.1.3 施工现场临时用电设备在5台以上或设备总容量在50kW以上者,应由电气工程技术人员组织编制临时用电施工组织设计,内容应包括工程现场所有二级以上的配电布置位置及线路走向图。现场临时用电设备在5台以下或设备总容量在50kW以下者,应制定安全用电和电气防火措施。

5.2.1.4 施工现场临时用电工程专用的电源中性点直接接地的220/380V三相四线制低压电力系统,必须采用TN-S接零保护系统,做到"三级配电、二级保护"。

5.2.1.5 安装、巡检、维修或拆除临时用电设备、设施,必须由电工完成,并有专人监护。

5.2.2 施工现场宜采用箱式变压器。自备发电机组电源必须与外电线路电源连锁,严禁并列运行。

5.2.3 施工现场与外电线路安全距离必须符合表5.2.3-1~表5.2.3-4的规定。达不到表中规定的安全距离要求时,必须采取绝缘隔离防护措施,悬挂安全标志。

表5.2.3-1 在建工程(含脚手架)周边与架空线路的边线之间的最小安全操作距离

外电线路电压等级(kV)	<1	1~10	35~110	220	330~500
最小安全操作距离(m)	4.0	6.0	8.0	10.0	15.0

表5.2.3-2 施工现场的机动车道与架空线路交叉时的最小垂直距离

外电线路电压等级(kV)	<1	1~10	35
最小垂直距离(m)	6.0	7.0	7.0

表5.2.3-3 起重机与架空线路边线之间的最小安全距离

最小安全距离(m)	电压(kV)						
	<1	10	35	110	220	330	500
沿垂直方向	1.5	3.0	4.0	5.0	6.0	7.0	8.5
沿水平方向	1.5	2.0	3.5	4.0	6.0	7.0	8.5

表5.2.3-4 防护设施与外电线路之间的最小安全距离

外电线路电压等级(kV)	≤10	35	110	220	330	500
最小安全距离(m)	1.7	2.0	2.5	4.0	5.0	6.0

5.2.4 现场开挖沟槽的边缘与埋地外电缆沟槽边缘之间的距离不得小于500mm。

5.2.5 架空线路必须采用绝缘导线,必须有短路保护和过载保护。架空线路与邻近线路或设施的距离应符合表5.2.5的规定。

5.2.6 电缆线路必须埋地或架空敷设,严禁沿地面明设。电缆埋地敷设应在路面设置路径标志,埋设深度不宜小于700mm,电缆周边均匀敷设不少于50mm厚的细砂,并覆盖砖或混凝土板等硬质保护层。架空电缆应沿电杆、支架或墙壁敷设,并采用绝缘卡固定,绑扎线必须采用绝缘线,固定点间距应保证电缆能承受自重带来的荷载。橡胶电缆的最大弧垂距地面不得小于2.5m。

表5.2.5 架空线路与邻近线路或设施的距离

项 目	邻近线路或设施类别					
最小净空距离（m）	过引线、接下线与邻线 0.13		架空线与拉线电杆外缘 0.05		树梢摆动最大时 0.50	
最小垂直距离（m）	同杆架设下方的广播、通信线路	最大弧垂与地面			最大弧垂与建设工程顶端	与邻近线路交叉
		施工现场	机动车道	铁路轨道		1kV以下　1~10kV
	1.0	4.0	6.0	7.5	2.5	1.2　　　2.5
最小水平距离（m）	电杆至路基边缘		电杆至铁路轨道边缘		边线与建筑物凸出部分	
	1.0		杆高(m)+3.0		1.0	

5.2.7 室内配线进户线的室外端应采用绝缘子固定，过墙应穿管保护，距地面不小于2.5m。

5.2.8 配电箱、开关箱应选用专业厂家生产的定型产品，其电器元件必须通过国家"3C"认证。配电箱、开关箱的箱门应配锁，箱门外侧应标明编号、名称、用途、责任人及联系电话；箱门内侧标明分路标记及系统接线图。

动力配电箱与照明配电箱宜分别设置。

每台用电设备必须有各自专用的开关箱，严禁用同一个开关箱直接控制2台以上用电设备（含插座）。

5.2.9 分配电箱与开关箱的水平距离不得超过30m；开关箱与其控制的固定用电设备的水平距离不宜超过3m。

5.2.10 总配电箱和开关箱必须设置二级漏电保护，漏电保护器的额定漏电动作电流及额定漏电动作时间应符合表5.2.10的规定。

表5.2.10 漏电保护器的额定漏电动作电流及额定漏电动作时间

电箱名称	额定漏电动作电流(mA)	额定漏电动作时间(s)
总配电箱	>30	>0.1
开关箱	≤30（一般场所）　　≤15（潮湿或有腐蚀介质的场所）	≤0.1
注：总配电箱中漏电保护器的额定漏电动作电流与额定漏电动作时间的乘积不应大于30.0mA·s		

5.2.11 接地与防雷应符合下列规定：

5.2.11.1 在TN接零保护系统中，PE零线应单独敷设，PE线上严禁装设开关或熔断器，严禁通过工作电流，严禁断线。

5.2.11.2 TN系统中的保护零线除必须在配电室或总配电箱处做重复接地外，还必须在配电系统的中间处和末端处做重复接地，每处重复接地电阻值不应大于10Ω。

5.2.11.3 施工现场内的起重机、井字架、龙门架等机械设备以及钢脚手架和正在施工的金属结构，应按规范要求安装防雷装置，并定期检查及维护。

5.2.11.4 人工接地体（极）应根据设计要求的数量、材料、规格进行接地体（极）的加工，材料一般采用角钢、圆钢、钢管等，不得采用铝导体和螺纹钢。接地体（极）的埋设深度不应小于600mm；垂直接地体（极）的长度不应小于2.5m，间距不宜小于其长度的2倍。

5.2.11.5 防雷装置应通过气象部门或具有相应资质的单位验收。

5.2.12 在潮湿场所应选用密闭型防水照明器。有爆炸和火灾危险的场所应选用防爆型照明器。

5.2.13 每一台电动机械或手持式电动工具的开关箱内，应按要求装设隔离开关或具有可见分断点的断路器及控制装置。正、反向运转控制装置中的控制电器不得采用手动双向转换开关。

5.2.14 手持式电动工具负荷线应采用耐气候型的橡胶护套铜芯软电缆,电缆不得有接头,使用前必须进行绝缘检查和空载检查,合格后方可使用。

5.3 消防

5.3.1 施工现场消防安全应符合《建设工程施工现场消防安全技术规范》(GB 50720)的有关规定,施工单位应针对具体情况制订消防安全管理制度,配备消防器材、设置消防通道并保持畅通。

5.3.2 施工单位应明确施工现场消防安全责任,确定消防安全负责人和重点防火部位消防责任人,成立义务消防队,制订消防安全应急预案并定期组织演练。

5.3.3 施工现场临时用房、临时设施的布置应满足现场防火、灭火及人员安全疏散的要求,临时办公、生活、生产、物料存储等功能区宜相对独立布置,防火间距应符合表5.3.3的规定。

表5.3.3 临时用房及临时设施的防火间距(m)

名 称	名 称						
	办公区 住宿区	发动机房 变配电房	可燃材料 库 房	厨房间 锅炉房	可燃材料 加工场	固定动火 作业区	易燃易爆 危险品区
办公区、住宿区	4	4	5	5	7	7	10
发动机房、变配电房	4	4	5	5	7	7	10
可燃材料库房	5	5	5	5	7	7	10
厨房间、锅炉房	5	5	5	5	7	7	10
可燃材料加工场	7	7	7	7	10	10	10
固定动火作业区	7	7	7	7	10	10	12
易燃易爆危险品区	10	10	10	10	10	12	12

5.3.4 双层临时用房每层建筑面积大于200m²时,应设置至少两部疏散楼梯,房间疏散门至疏散楼梯的距离不应超过25m。单面布置用房时,疏散走道的净宽度不应小于1m;双面布置用房时,疏散走道的净宽度不应小于1.5m。疏散楼梯的净宽度不应小于疏散走道的净宽度,倾斜角一般不宜大于45°;楼梯不应采用螺旋楼梯和扇形踏步,且不应有影响安全疏散的突出物或堆积物。

5.3.5 施工场所设置在地面上的临时疏散通道,其净宽度不应小于1.5m。设置在脚手架上的临时疏散通道应采用不燃材料搭设,其净宽度不应小于600mm。疏散通道坡度大于25°时,应设置台阶踏步或防滑条;侧面临空时,应沿临空面设置高度不小于1.2m的防护栏杆。

5.3.6 脚手架、支架的架体宜采用不燃或难燃材料搭设,其安全防护网及临时疏散通道的安全防护网应采用阻燃型安全防护网。

5.3.7 焊接、切割、烘烤或加热等动火作业前,应对作业现场的可燃物进行清理或隔离。作业现场应加强巡查,高处电焊、气割作业时应安排专人监护。5级以上大风时,应停止露天焊接、切割等作业。具有火灾、爆炸危险的场所严禁明火作业。

5.3.8 施工现场应按火灾种类、危险等级等因素配置灭火器,宜选用ABC干粉灭火器。高处、水上、临时用房等场所应选择手提式灭火器;燃油、沥青、沥青导热油等重点消防场所应同时选配手提式、推车式灭火器,并设置砂箱。

灭火器应设置在明显和便于取用的位置,不宜设置在潮湿或强腐蚀性的地点。灭火器的摆放应稳固,其铭牌应朝外。设置在室外的灭火器,应有相应的保护措施。手提式灭火器宜设置在灭火器箱内或挂钩、托架上,其顶部离地面高度不应大于1.5m,底部离地面高度不宜小于80mm。

5.3.9 发电机房、变配电房、水泵房、疏散通道及无天然采光的作业场所等,应配备临时应急照明器材。

5.3.10 施工单位应在消防重点场所醒目位置设置消防安全标志及标识牌,并告知作业人员维护、使用消防器材以及紧急情况下逃生自救的方法和要求。消防安全标志及设置应符合《消防安全标志》(GB 13495)的规定。

5.4 特种设备

5.4.1 起重机械

5.4.1.1 龙门吊、塔吊、架桥机等施工起重机械的安装、拆卸,应编制安全专项方案。安装拆卸单位应具有相应资质。

5.4.1.2 施工现场应具备起重机械作业的基本要求,如基础、通道和电源等。

5.4.1.3 起重机械应装有音响清晰的信号装置,起重臂、吊钩、平衡重等转动物体应有鲜明的色彩标志。

5.4.1.4 龙门吊、塔吊、架桥机等运行于轨道上的起重机械应装设夹轨器、锚定等防风、防爬、限位装置。

5.4.1.5 起重机械的变幅限位器、力矩限制器、起重量限制器、防坠安全器、钢丝绳防脱装置、防脱钩装置以及各种行程限位开关等安全保护装置,必须齐全有效,严禁随意调整或拆除。严禁利用限制器和限位装置代替操纵机构。

5.4.1.6 风速达到5级以上或大雨、大雪、大雾等天气时,严禁进行起重机械的安装拆卸作业。

5.4.1.7 风速达到6级以上或大雨、大雪、大雾等天气时,应停止露天起重吊装作业。重新作业前,应先试吊,并应确认各种安全装置灵敏可靠。

5.4.1.8 起重机械使用的钢丝绳,其结构形式、强度、规格等应符合起重机使用说明书的要求。钢丝绳保养、维护、安装、检验和报废按《起重机 钢丝绳 保养、维护、安装、检验和报废》(GB/T 5972)的规定执行。

5.4.1.9 起重作业时,应按规定设置警戒区和安全标志,并有专人监护。

5.4.1.10 起吊载荷达到起重机械额定起重量的90%以上时,应先将重物吊离地面不大于200mm,检查起重机械的稳定性和制动可靠性,确认正常后方可继续起吊。采用双机抬吊作业时,每台起重机荷载不得超过其允许荷载的80%,作业过程中双机必须保持同步。起重吊装作业应严格按照《建筑施工起重吊装安全技术规范》(JGJ 276)规定执行,停止吊装作业应及时锁紧夹轨器等装置。

5.4.1.11 作业过程中突然出现设备故障时,应将重物降落到安全位置,并关闭发动机或切断电源后进行检修。

5.4.1.12 起重机的吊钩、吊环严禁补焊,当出现表面有裂纹、破口、危险断面及钩颈永久变形等不同情况时应予以更换。

5.4.2 乙炔、氧气瓶

5.4.2.1 施工单位应建立气瓶进出库登记及使用台账,氧气瓶及乙炔瓶应符合条码管理的相关规定。

5.4.2.2 氧气瓶、乙炔瓶在贮运和使用过程中,应保持直立状态,并采取防倾倒措施;乙炔瓶严禁横躺卧放,严禁碰撞、敲打、抛掷、滚动气瓶;夏季应采取防止暴晒措施。

5.4.2.3 乙炔瓶必须装设专用的减压器、回火防止器。开启时,操作者应站在阀口的侧后,动作应轻缓。氧气瓶应设有防振胶圈,并旋紧安全帽,开启氧气瓶阀时,应缓慢拧开,以防止因高压氧流作用而引起静电火花。

5.4.2.4 氧气管与乙炔管不得相互混用,胶管质量必须符合《焊接及切割用橡胶软管 氧气橡胶软管》(GB 2250)、《焊接及切割用橡胶软管 乙炔橡胶软管》(GB 2251)的有关规定。

5.4.2.5 气瓶应分类储存,库房内应通风良好。施工现场同一地点乙炔瓶储存量不应超过5瓶;超过5瓶但不超过20瓶时,应在现场设单独的储存间;超过20瓶时,应设置乙炔瓶库。储存间应有良好的通风、降温等设施,避免阳光直射,与明火或散发火花地点的距离不应小于15m。

5.4.2.6 氧气瓶与乙炔瓶的工作间距不应小于5m,气瓶与明火作业点的距离不应小于10m。

5.4.3 施工电梯

5.4.3.1 电梯的安装、拆除及日常检查维护必须由具有相应资质的单位承担。

5.4.3.2 电梯笼周围应设置防护栏杆,各停靠层的过桥和运输通道应平整牢固,出入口护栏应安全可靠。

5.4.3.3 电梯每班首次运行,应空载及满载试运行,每次起动前应鸣警示意。

5.4.3.4 笼梯乘人、载物时应使荷载均匀分布,严禁超载。

5.4.3.5 电梯限速器、制动器应经常检查,确保安全可靠,有故障时严禁运行。

5.4.3.6 强风、暴雨后,应对电梯安全装置进行全面检查,确认正常后,方可恢复运行。

5.4.3.7 大雾、雷雨、导轨结冰及6级以上大风等条件下,电梯必须停止运行。

5.5 人行通道

5.5.1 施工人员登高或跨越时,必须走人行通道。

5.5.2 人行通道应设置安全网、防护栏杆、挡脚板等有效的安全防护设施,安全网的技术要求应符合《安全网》(GB 5725)的规定。附着于施工脚手架的通道设置应符合《建筑施工扣件式钢管脚手架安全技术规范》(JGJ 130)的有关要求。

5.5.3 水平通道应采用型钢制作,并固定牢靠,宽度不小于1m。面板可采用钢板或脚手板满铺,并做好防滑措施,其承载力应满足使用要求。临边应设置防护栏杆、挡脚板、密目式安全立网,密目式安全立网的技术要求应符合《安全网》(GB 5725)的规定。

5.5.4 上下通道应为钢质,宽度不小于900mm,坡度不宜大于1:1。高度在5m以下时,可采用一字型梯道,高度在5m以上时,应采用之字形梯道,临边应设置防护栏杆、密目式安全立网。踏步宜采用花纹钢板,高度不宜大于300mm,宽度不宜小于250mm。

5.5.5 在爬梯口、转梯口设置的人行通道防护棚,其高度不宜低于2.5m,宽度不宜小于1.5m。

5.5.6 之字形梯道应专门设计,确保结构稳定。安装应平稳、牢固。宜委托专业厂家设计、制作,高度不宜超过40m。梯道应设置梯间平台,平台四周设置护栏和挡脚板。

5.6 临边与洞口作业安全防护

5.6.1 临边作业时应设置防护栏杆,栏杆设置应符合下列规定:

(1)防护栏杆应采用建筑钢管,并以扣件等可靠连接。防护栏杆应刷警示漆,宜采用黄黑相间或红白相间色彩,间距一般为500mm。

(2)防护栏杆由两道横杆及栏杆柱组成,上横杆高度为1.2m,下横杆居中设置。栏杆柱间距不应大于2m,必要时应加密栏杆柱。横杆应搭设在栏杆柱内侧。

(3)防护栏杆下方有人员通行或作业时,应在内侧固定密目式安全立网,并在防护栏杆下边沿内侧设置高度不小于180mm的挡脚板。

(4)各种垂直运输接料平台,除两侧设防护栏杆外,平台口还应设置安全门或活动防护栏杆。

5.6.2 洞口作业时应采取防护措施,洞口防护应符合下列规定:

(1)边长0.25~0.5m的洞口,可使用竹、木等作盖板,四周搁置均衡并牢固固定。

(2)边长0.5~1.5m的洞口,应设置间距不大于200mm的钢筋网格,并在其上满铺竹笆或脚手板。

(3)边长1.5m以上的洞口,四周应设置符合临边防护标准的防护栏杆;洞口下方有人通行或作业的应张挂安全平网。

(4)竖向落地洞口应加装防护门或防护栏杆。当采用防护栏杆时,应按规定设置挡脚板。

(5)施工现场人行通道、施工通道、车辆行驶等道路附近的各类孔、洞口处,应保持安全距离,并设置安全标志,夜间设置红色警示灯。

5.7 高处作业

5.7.1 高处作业人员必须经过专业技术培训,特种作业人员应持证上岗。

5.7.2 高处施工作业时,地面应设置警戒区,并设置安全标志。高处施工人员与地面的联系应有专人负责,并配有无线通信设备。

5.7.3 施工作业前,应对安全防护设施进行检查。施工过程中严禁擅自拆除或变动安全防护设施,确因作业必须临时拆除或变动时,必须经施工负责人同意,并采取相应的措施,作业后应立即恢复。

5.7.4 高处作业不宜上下交叉进行,必须进行交叉作业时,应采取搭设防护棚等有效的安全隔离措施。

5.7.5 高处作业现场所有可能坠落的物件均应拆除或固定;拆卸的物料应及时运走,不得向下抛掷;作业人员随身工具应装入工具袋。

5.7.6 雨、雪天进行高处作业时,必须采取可靠的防滑和防冻措施,遇大雾、6级以上大风时,不得进行露天高处作业。

5.8 水上水下作业

5.8.1 水上水下作业前,必须申请水上水下施工许可、发布航行通告和警告,并按规定设置航行标志。

5.8.2 水上作业

5.8.2.1 施工单位应对水上作业平台进行专门设计。

5.8.2.2 施工前应对作业平台进行检查,平台顶部满铺面板,面板与下部结构连接牢固。平台四周按规定设置安全防护设施并配备消防、救生等器材。

5.8.2.3 参与施工的船舶必须具有海事、船舶检验部门核发的各类有效证书。船舶作业人员必须持证上岗,并严格执行安全操作规程。

5.8.2.4 施工船舶应按规定配齐消防、救生、堵漏设备,其梯口、应急场所等应设有醒目的安全警示标志或标识。施工船舶应配备通信设备,主动与过往船舶联系沟通,确保航行和施工安全。

5.8.2.5 水上作业现场应按规定设置安全警告标志,配齐救生器材、通信工具。进入施工现场的人员应穿好救生衣。

5.8.2.6 遇恶劣天气影响作业安全时,必须停止作业。

5.8.3 水下作业

5.8.3.1 潜水作业前应结合现场水文、气象、地质情况制定潜水作业方案和应急保障措施。

5.8.3.2 潜水作业人员应按规定进行体格检查,并持证上岗。

5.8.3.3 潜水设备和装置必须配备齐全,符合现行国家标准的有关规定,使用前应认真检查潜水设备和装置的安全性能,确认完好后方可下潜作业。

5.8.3.4 潜水作业时应设置安全作业区或警戒区,工作船应悬挂信号旗;夜间不宜进行潜水作业,确需作业时,必须悬挂潜水信号灯,并有足够的照明。

5.8.3.5 施工单位应在作业前将下潜任务、下潜环境、工作部位、水深、流速、流向等情况向潜水员进行交底。

5.8.3.6 水下电缆等必须绝缘良好,头盔外面和领盘上应涂抹或包裹绝缘物质,作业人员应戴橡胶手套。

5.8.3.7 潜水中必须严格执行水面电话员指令,并保持联系。

5.8.3.8 在水下作业过程中,潜水员应随时注意和清理供气胶管和信号绳,防止绞缠和被物体挤压,严禁解脱信号绳。

5.8.3.9 潜水员水下作业应佩戴潜水工作刀。在深水中作业时,尽可能配备水上或水下照明设备。

5.8.3.10 水下工作结束后,应及时清理工具及信号绳、供气胶管后,及时通知水面人员。

5.8.3.11 水下作业所需工具、物件应用绳索送接,严禁抛掷,潜水员不得携重物上升出水。

5.8.3.12 潜水作业现场应备有急救箱及相应的急救器具。在作业条件比较困难的情况下,应在搭设的平台上另备一套潜水装具,并指派一名预备潜水员,以便在必要时下水协助和救援。

5.9 安全标志标牌

5.9.1 施工单位应根据施工方案的要求及时设置相应的安全标志、标牌。安全标志包括禁止标志、警告标志、指令标志和提示标志。

5.9.2 安全标志应符合《安全标志及其使用导则》(GB 2894)的相关规定;标牌材质、形状、尺寸、字体及字号应符合相关规定。

5.9.3 安全标志标牌的支架应具有一定的强度和刚度;标志标牌安装稳固,满足抗风等要求。

5.9.4 施工单位应当在施工现场出入口或者沿线各交叉口、施工起重机械、拌和场、钢筋加工场、预制场、施工驻地、临时用电设施、爆破物及有害危险气体和液体存放处以及孔洞口、隧道口、基坑和取土坑边沿、脚手架、码头边沿、桥梁边沿等危险部位，设置安全标志标牌。

5.9.5 安全标志标牌的位置应设置合理。不得设在门、窗、架等可移动的物体上。标志标牌前不得放置妨碍认读的障碍物。

5.9.6 施工单位应经常检查标志标牌的状态，保持清洁醒目、完整无损。发现标志标牌破损、丢失或缺少时，应立即修复或补充到位。

6 驻地建设及临时设施

6.1 驻地建设

6.1.1 施工单位应编制驻地建设方案，并绘制平面图，内容包括选址、占地面积、功能区划分、道路布置、排水及供电设施、消防设施和安全标志标牌等。

6.1.2 办公区、生活区应与作业区分开设置，封闭管理，间距应满足消防安全要求，选址应避开高压线、滑坡、泥石流、爆破区、取土场、弃土场等危险区域。

6.1.3 装配式临时用房应专门设计，层数不宜超过两层，具有抗台风及暴雨雪的能力，构配件应具有产品合格证。采用金属夹芯板材时，其芯材燃烧性能等级应为 A 级。

6.1.4 装配式临时用房应委托专业单位施工，并经验收合格后方可使用。

6.1.5 办公、生活用房面积 200m² 以下时，应配置 2 具 MF/ABC4 灭火器，每增加 100m² 时，增配 1 具 MF/ABC4 灭火器。会议室、食堂、配电房、材料库等必须配置不少于 2 具 MF/ABC4 灭火器。

6.1.6 现场临时值班房宜采用装配式金属夹芯板搭建，搭设要求与装配式临时用房相同。

6.2 临时设施

6.2.1 工地试验室

6.2.1.1 试验区与生活区应分开设置，间距不宜小于 15m。

6.2.1.2 沥青室、沥青混合料室、化学室等存在有毒有害气体的场所，应安装符合要求的通风、排气设备。标准养护室等湿度大的场所，应使用电缆线及密闭式照明灯具。

6.2.1.3 化学危险品和易燃易爆品应按规定存放，并指定专人管理，严格执行进出库登记制度。

6.2.1.4 试验室面积 200m² 以下时，应配置 2 具 MF/ABC4 灭火器，每增加 100m² 时，增配 1 具 MF/ABC4 灭火器；沥青室、可燃溶剂存放区、配电房等应单独配置 2 具 MF/ABC4 灭火器；试验室应备有不少于 0.5m³ 消防砂，备有消防桶、消防锹等工具。

6.2.2 钢筋加工场、拌和场与预制场

6.2.2.1 钢筋加工场、拌和场与预制场应专门设计，合理划分各功能区，并封闭管理。按设计要求设置安全标志标牌，工点设置相应的安全操作规程牌。

6.2.2.2 大棚应进行结构设计，满足整体稳定性、防台风、防雨雪等要求；高度 10m 以上时，应加设缆风绳等加固措施。

6.2.2.3 场内临时用电应按临时用电组织设计及有关方案布设。拌和楼、储料罐应设置防雷设施，并组织验收。

6.2.2.4 拌和场进出口宜分开设置，宽度不小于 6m；只设置一个出入口时，场内应设置运输、环形消防通道。沥青混凝土拌和楼安装与拆除应编制安全专项方案。安装结束后，应组织验收，合格后方可投入使用，并定期对拌和楼基础进行沉降观测。

6.2.2.5 预制梁台座、存梁基础、龙门吊轨道基础等应专门设计，并在使用过程中加强沉降观测。龙门吊轨道应水平，轨道铺设应顺直，轨道的两端应设置限位器。

6.2.2.6 易燃易爆危险品存放及使用、动火作业、可燃材料存放、加工及使用等具有火灾危险场所的场

地面积150m²以下时,应配置2具MF/ABC4灭火器,每增加100m²时,增配1具MF/ABC4灭火器。沥青、导热油、油库等存放区每处配置不少于2具MFT/ABC20灭火器,同时备有消防砂、消防桶、消防锹等。

6.2.3 施工便道、便桥

6.2.3.1 施工便道、便桥应专门设计,便桥架设与拆除应编制安全专项方案,其结构安全验算结果应经第三方复核。便道路面宽度宜大于7m,宽度小于7m的段落应每400m设置一处错车道,错车道长度不小于20m。

6.2.3.2 临时便道下穿各种架空管线、建(构)筑物时,其净空应满足车辆通行要求。当净空不满足要求时,应在醒目位置设立限高、限宽标志,必要时设置限高、限宽门架,夜晚加设警示灯。

6.2.3.3 便桥两侧必须设置防护栏杆,桥面应具有防滑性能。

6.2.3.4 在便道的急弯、陡坡、临边、临水、交叉路口等危险地段应设置防护设施和安全标志。便桥两端应设置限宽、限载、限速等标志。

6.2.3.5 应加强对便道、便桥的日常检查和维护,采取有效降尘措施。

6.2.4 临时码头、栈桥

6.2.4.1 临时码头、栈桥应专门设计,并编制架设与拆除安全专项方案,其结构安全验算结果应经第三方复核。

6.2.4.2 临时码头、栈桥应配备相应的安全防护设施。码头的附属设施应牢固可靠。码头面层、栈桥桥面应采取防滑措施。

6.2.4.3 临时码头、栈桥应按规定设置消防器材和救生设施,栈桥两侧每隔25m应分别配置1只救生圈,救生圈应方便取用。

6.2.4.4 通过栈桥的电缆应绝缘良好,并通过绝缘子或橡胶套管固定在栈桥的一侧,栈桥应使用密闭照明灯具。

6.2.4.5 栈桥及码头应设置限载、限速等安全标志和警示灯。

7 路基工程

7.1 一般规定

7.1.1 工程开工前,施工单位应根据总体施工组织设计编制施工方案,明确相应的安全技术措施。

7.1.2 开工前,施工单位应根据建设单位提供的施工现场及毗邻区域内水、电、气、通信等地下管线资料进行复查并做好标识,必要时应采取保护或加固措施,对重要管道应编制专项保护方案和应急预案。

7.1.3 施工现场应采取保证运输车辆、机械设备交通安全的措施,场地狭小以及行人和运输繁忙的路段应设专人指挥交通。

7.1.4 施工机械应在安全区域集中停放。

7.2 地基处理

7.2.1 粉喷桩、湿喷桩、静压(打入)桩、强夯等地基处理工程施工前,应按规定编制安全专项方案。

7.2.2 施工作业前,应检查施工机械、桩锤及附属设施的安全性能;静力压桩机、强夯机等具有起重作业功能的设备,应按照规定进行检测并持有合格证。

7.2.3 软基施工作业区应设置警戒区,警戒区周围醒目位置应设置安全标志。强夯施工警戒区的警戒范围应通过试夯确定,但不得小于起重机吊臂长度的1.5倍。

7.2.4 施工作业区内有电力线路时,桩机与线路距离应符合本规程5.2的规定。

7.2.5 粉喷桩、湿喷桩

7.2.5.1 桩机就位后机架摆放应稳定并采取止动措施,移位时应保持整机平衡,指定专人管理电缆及胶管。

7.2.5.2 喷浆作业时应注意压力表变化,出现异常时应立即停机、断电,及时排除故障。

7.2.5.3 粉喷桩贮灰罐内压力达到 0.6MPa 时,应立即关停空压机。罐体带压时,严禁松紧各连接口的螺栓,不得用力敲打罐体。

7.2.6 打入桩

7.2.6.1 桩锤启动前应发出警示信号,非作业人员应撤至安全区域。

7.2.6.2 振动锤的电缆线宜采用悬吊方式,易磨损的部位应采用耐磨绝缘材料进行包扎防护并定期检查。

7.2.6.3 打桩结束后,应将桩锤放置底部并搁置牢靠,关闭电源。

7.2.7 静力压桩

7.2.7.1 作业前,应检查并确认传动系统、起重系统及液压系统等运转良好,各部件连接牢固。

7.2.7.2 作业时应有专人统一指挥,压桩人员和吊桩人员应密切配合,非作业人员应撤至安全区域。

7.2.8 强夯

7.2.8.1 作业时,作业人员应在安全区域内。

7.2.8.2 强夯机变换机位后,应重新检查支腿,确认稳固后再将锤提升 100～300mm 检查整机的稳定性,符合要求后方可重新作业。

7.2.8.3 修理夯锤或清理夯锤通气孔时,应将夯锤平放于专用支墩上,不得在吊起的夯锤下方作业。

7.2.8.4 当强夯施工振动对邻近建筑物、设备及地下管线产生影响时,应采取防振或隔振措施,并设置监测点。

7.3 填方路基

7.3.1 作业前,操作人员应检查机械设备四周的环境,确认机械设备前后、左右无障碍物和人员时方可启动。

7.3.2 自卸式运输车辆必须按规定吨位装载,不得超载、超高。卸料时,应检查上方是否有架空线路,保持安全距离,落斗后方可驶离。

7.3.3 平地机作业时,刮刀的回转与铲土角的调整以及向机外倾斜都必须在停机时进行;倒车时必须有专人指挥。

7.3.4 多台机械同时作业时,各机械之间应保持安全距离。两台以上推土机在同一作业面作业时,其前后距离应大于 8m,左右距离应大于 1.5m;两台以上压路机同时作业时,其前后距离不得小于 3m。

7.3.5 机械在路基边坡、边沟、基坑边缘地段上作业时,应采取防止倾覆的安全措施,高填方时应有专人指挥。

7.4 挖方路基

7.4.1 不良地质条件下有潜在危险的土方、石方开挖工程以及爆破工程施工前,应编制安全专项方案,爆破工程的安全专项方案还应通过专家论证。

7.4.2 施工前应做好挖方路基的临时排水设施,施工过程中应加强检查。

7.4.3 施工过程中应分级开挖,并对路堑边坡稳定性进行监测,发现异常时应立即停止作业。

7.4.4 在结构物周边挖土时,应加强对结构物的保护,并设安全标志。

7.4.5 开挖石方时,开挖工作面应与装运作业面相互错开,严禁上、下同时作业;严禁在松动危石下方作业。

7.5 防护、排水工程

7.5.1 石质边坡高度 30m 以上、土质边坡高度 15m 以上以及大型或复杂的边坡防护工程(锚固防护等)施工前,应编制安全专项方案,大型或复杂的边坡防护工程(锚固防护等)的安全专项方案还应通过专家论证。

7.5.2 作业人员修整边坡时,应注意边坡稳定;在高边坡上作业时,应采取安全防护措施。

7.5.3 砌筑护坡时,砌筑材料堆放与边坡边缘的安全距离不小于 1m,不得采用从上向下自由滚落的方式运输材料。

7.5.4 砌筑工程必须自下而上砌筑,不得在砌筑好的坡面上行走。抹面、勾缝作业应先上后下,人员上下必须用爬梯。

7.5.5 砌筑作业时,应将作业平台固定,并采取防滑措施。严禁在作业平台上进行片石加工。

7.5.6 砌筑作业时,作业平台下人员不得停留,严禁上下层同时作业。

7.6 取土场

7.6.1 应按设计要求进行取土,根据土质情况放坡开挖,并保证边坡稳定。

7.6.2 取土范围内有架空线路时,应对杆线采取有效保护措施。

7.6.3 取土场交付前,周围应设置防护栏杆和安全标志。

8 路面工程

8.1 一般规定

8.1.1 工程开工前,施工单位应根据总体施工组织设计编制施工方案,明确相应的安全技术措施。交通组织、沥青混合料拌和楼安装和拆除应编制安全专项方案,交通组织安全专项方案还应通过专家论证。

8.1.2 拌和设备维修保养时应切断电源,锁好控制室门并指定专人值守。严禁擅自启动设备。

8.1.3 沥青、导热油及燃油储存区周边应进行围挡。

8.1.4 运输车辆应具有车辆行驶证,车况良好,并装有倒车报警器。车辆驾驶人员应持有驾驶证;驾驶人员在运输前应接受安全技术交底,熟知行驶路线。

8.1.5 停止作业时,施工机械应集中停放,设置警示标志,夜间设警示灯。

8.1.6 沥青路面施工时,施工单位应合理组织施工,减少作业人员连续高温作业时间,并做好防中毒、防中暑措施。

8.1.7 主线沿线每500m至少设置1处安全标志。

8.2 底基层、基层

8.2.1 装卸、撒铺及翻动粉质材料时,操作人员应站在上风侧,轻拌轻翻减少粉尘;散装粉质材料宜使用粉料运输车运输。装卸不宜在大风天气下进行。

8.2.2 路拌机现场拌和时,拌和机前严禁站人;停车时应制动,转子应置于地面。

8.2.3 场拌和开机前应警示,拌和过程中人员不得跨越皮带和调整皮带运输机,拌和机皮带传动及齿轮传动部位,应设置安全防护罩,停机前应将料卸尽。

8.2.4 混合料摊铺和碾压作业应符合本规程8.3的有关规定。

8.3 沥青路面

8.3.1 透层、下封层、黏层施工

8.3.1.1 洒布沥青前,应检查高压胶管与喷油管联接是否牢固,油嘴和节门是否畅通,并进行试喷。

8.3.1.2 人工辅助喷洒沥青时,喷头严禁向上,喷头附近不得站人,不得逆风操作。

8.3.1.3 喷洒沥青时,如发现喷头堵塞或其他故障,应立即关闭阀门,排除故障。

8.3.1.4 洒布车施工地段应有专人警戒,作业范围内不得有人;施工现场严禁使用明火。

8.3.2 沥青混合料拌和

8.3.2.1 沥青混合料拌和楼运转前必须对各种机电设备进行详细检查,确认正常后方可合闸运转。

8.3.2.2 集料斗升起时,严禁人员在斗下工作或通过,检查集料斗时应将保险链挂好。

8.3.2.3 应定期检查送料斗的轨道、滑轮、钢丝绳等,发现异常应及时更换。在高处更换拌和楼的部件时,作业人员应系好安全带。

8.3.2.4 导热油炉的泵、阀门、循环系统和安全附件应符合技术要求,导热油管道应有防护设施,超压、超温报警系统应灵敏可靠;应定期对循环系统渗漏、振动、异声及膨胀箱的液面和自控系统的灵敏性、可靠性等情况进行检查。导热油加热时,应有专人值班;应严格按规定的程序和温度进行加热,不得快速升

温脱水;导热油炉设定的温度不得高于导热油规定温度。

8.3.2.5 系统停机后必须切断动力配电柜的总进电开关。

8.3.3 沥青混合料摊铺

8.3.3.1 作业人员应按规定正确佩戴劳动防护用品。

8.3.3.2 摊铺作业应由专人指挥、调度,运料车应与摊铺机协调同步行进。

8.3.3.3 摊铺作业前应清除一切有碍工作的障碍物,行驶前应确认前方无人,并鸣笛示警。

8.3.3.4 驾驶员在离开驾驶台时,应将摊铺机停稳、制动。

8.3.4 沥青路面碾压

8.3.4.1 碾压作业时应有专人指挥、调度。

8.3.4.2 两台以上压路机在同一作业面上碾压时,其前后间距不得小于3m。

8.3.4.3 作业人员应在机械行进后方清除轮上粘连物。

8.4 水泥混凝土面层

8.4.1 水泥混凝土拌和

8.4.1.1 混凝土拌和过程中,作业人员不得离岗;机械发生故障必须立即停机、断电。

8.4.1.2 搅拌机的料斗在轨道上移动提升(降落)时,其下方不得站人。

8.4.1.3 施工后,应及时对搅拌机进行全面清理;检修时,必须切断电源,设专人监护。

8.4.2 水泥混凝土摊铺

8.4.2.1 滑模式水泥混凝土摊铺机摊铺时,运输车辆倒退时应鸣警,并设专人指挥;施工中,布料机支腿臂、松铺高低梁和滑模摊铺机支腿臂、搓铺梁、磨平板上严禁站人。

8.4.2.2 浇筑混凝土时应设电工值班,负责施工机具的电气接线、拆卸和出现电气故障时的紧急处理。

8.4.2.3 抹平机作业时,电缆应有专人收放。

8.4.3 切缝、拉毛、刻槽与养生

8.4.3.1 作业前,应对施工机具进行检查,各联接部位和安全防护罩应正常完好。

8.4.3.2 切缝作业时,必须沿前进方向单向切缝,作业人员应站在刀片侧面操作。

8.4.3.3 现场预留的雨水口、人(手)井口等孔洞必须按照洞口作业防护的要求设置防护设施和安全标志。

9 桥梁工程

9.1 一般规定

9.1.1 工程开工前,施工单位应根据总体施工组织设计编制施工方案,明确相应的安全技术措施。

9.1.2 开工前,施工单位应根据建设单位提供的施工现场及毗邻区域内水、电、气、通信等地下管线资料进行复查并做好标识,必要时应采取保护或加固措施。

9.1.3 施工作业前,应对机械、设备和工具进行检查或检验;对特种设备,应符合其安装、维护、使用和检验等管理的规定。

9.2 钢筋

9.2.1 宜在钢筋加工场集中加工钢筋,室外作业时应设置机棚。固定式机械安装必须牢固,移动式机械作业时应楔紧行走轮。作业中如发现异常情况,应立即停车检查。

9.2.2 宜采用调直机调直钢筋,不得采用冷拉调直工艺。

9.2.3 加工较长的钢筋时应有专人辅助,辅助人员应听从机械操作人员指挥。

9.2.4 焊接作业时必须采取防止触电和火灾等事故的安全措施。钢筋加工棚外进行焊接作业时,电焊机应设置防雨、防晒的机棚,雨天不得露天进行电焊作业。高空焊接或切割时,焊件周围和下方应采取防火措施并有专人监护。

9.2.5 使用焊(割)炬前必须对设备完好性进行检查。使用过程中如发现有漏气现象,应立即停止作业,修好后方可继续使用。

9.2.6 吊运钢筋时应捆绑牢固,吊点设置应合理,吊运时钢筋应平稳上升,不得碰撞脚手架、模板和支架。

9.2.7 绑扎钢筋骨架前,应对模板、支(拱)架、脚手架进行检查,确认稳固后方可进行绑扎施工。钢筋骨架应安装、支撑牢固,严禁直接攀爬钢筋骨架上下。

9.3 预应力工程

9.3.1 预应力工程施工前应编制安全专项方案。

9.3.2 张拉作业时应设置警戒区,并设置安全标志。张拉时千斤顶后方严禁人员滞留、穿行。张拉区两端必须设置具备消能和阻挡功能的防护挡板,防护挡板宜距离所张拉的预应力筋端部1.5～2m,应高出最上一组预应力筋500mm以上,宽出预应力筋外侧各1m以上。

9.3.3 拆放预应力筋必须在专用松盘器中进行。

9.3.4 张拉时必须由专人统一指挥。操作人员应在侧面读表和量测伸长值,在量测预应力筋的伸长值及固定锚固预应力筋时应停止操作千斤顶。

9.3.5 张拉过程中若出现油压表振动剧烈、漏油;电机声音异常;断丝、滑丝等异常现象时,必须立即停机检查,排除故障后,方可继续进行张拉。

9.3.6 先张法施工张拉时,台座两侧应有防护措施,张拉时沿长度方向每隔4～5m设一防护架,严禁人员跨越台座。后续施工时已张拉的预应力筋上严禁站人。浇筑混凝土时,插入式振动器不得撞击预应力筋。

9.3.7 后张法张拉完毕后,应及时压浆、封锚。压浆时作业人员必须戴防护眼镜;关闭阀门时,作业人员应站在侧面。

9.4 模板、支架与脚手架

9.4.1 施工单位应按相应设计文件对进场后的模板和支架、脚手架构配件进行验收。

9.4.2 模板、支架、脚手架安装与拆除时,应设定警戒区,并设置安全标志。

9.4.3 遇6级以上大风及雾、雨、雪等恶劣天气时,应停止模板、支架与脚手架安装与拆除作业,雨、雪后作业应有防滑措施。

9.4.4 模板

9.4.4.1 工具式模板工程(爬模、翻模、大型模板等)、移动模架工程应编制安全专项方案。

9.4.4.2 大型模板应存放在专用模板架内或卧倒平放,不得直接靠在其他模板或构件上。

9.4.4.3 清扫模板或刷脱模剂时,模板应支撑牢固。

9.4.4.4 安装与拆除模板应按施工方案规定的方法、程序进行,由专人统一指挥。必要时设置临时支撑,防止倾覆。

9.4.4.5 吊运模板前,应对模板及吊点进行检查。模板安装就位后,应立即支撑和固定。

9.4.4.6 模板拆除时,应先拆除非承重模板,后拆除承重模板。拆除承重模板前,混凝土强度应达到规定要求;对预应力混凝土结构,应在结构建立预应力后方可拆除。

9.4.4.7 作业人员必须走人行通道,严禁攀爬模板。

9.4.5 支架、脚手架

9.4.5.1 对支架、脚手架应专门设计,其强度、刚度、稳定性应满足使用要求。

9.4.5.2 支架、脚手架搭设前,应按照相应设计文件对进场原材料及构配件进行检查验收。

9.4.5.3 支架、脚手架搭设过程中应同步设置作业人员人行通道,严禁作业人员随意攀爬。

9.4.5.4 支架、脚手架与主体结构连接时,主体结构应预埋连接件。

9.4.5.5 支架、脚手架搭设完成后,应根据相应设计文件按规定检查验收,合格后方可投入使用。

9.4.5.6 支架使用前应按施工图设计要求进行预压,设计未明确时,荷载宜为支架需承受全部荷载的

1.05～1.1倍,预压荷载的分布应模拟需承受的结构荷载和施工荷载。支架预压应均匀、对称、分级进行,采用砂袋预压时应采取防雨措施。

9.4.5.7 对支架应设置变形和沉降观测点,加强对预压过程观测。

9.4.5.8 对水中搭设的支架、脚手架,应有防止受水流冲刷或漂浮物撞击的措施并经常检查。

9.4.5.9 对门洞支架除满足通行、通航要求外,应设置限高、限宽、限速、防撞设施及安全标志,夜间应设置警示灯。

9.4.5.10 脚手架与承重支架相邻搭设时,应结构分离,不得将模板、支架、混凝土输送管道等固定在脚手架上。

9.4.5.11 对支架、脚手架拆除应做到"先搭后拆、后搭先拆"。拆除作业时,必须由上而下逐层拆除,严禁上下多层交叉作业;拆除过程中,已松开或未拆除部分应保持稳定,必要时加设临时支撑。

9.4.5.12 采用定型扣件式、碗扣式、门式钢管支架、脚手架时,其构造要求必须符合《建筑施工扣件式钢管脚手架安全技术规范》(JGJ 130)、《建筑施工碗扣式钢管脚手架安全技术规范》(JGJ 166)和《建筑施工门式钢管脚手架安全技术规范》(JGJ 128)的规定。

9.5 混凝土

9.5.1 混凝土拌和楼安装完成后应进行验收,雷雨季节前应对拌和楼避雷设施进行检查。

9.5.2 拌和前,操作人员应对搅拌、供料、控制等系统的运行状态进行检查。维修、保养或清理搅拌系统、供料系统时,必须切断电源,锁定安全保护装置,悬挂安全标志,并派专人值守。

9.5.3 浇筑混凝土前,应对支架、模板及钢筋骨架进行检查,浇筑过程中应加强监测,发现异常应立即停止作业,采取措施排除隐患。

9.5.4 混凝土浇筑的顺序、速度应符合施工方案的要求。

9.5.5 混凝土输送泵应安装稳固、接头严密;泵送前,应进行管道耐压试验。

9.5.6 泵送混凝土时,操作人员应随时监视各种仪表和指示灯,发现异常应立即停机检查。应设专人牵引、移动出料软管,布料臂下不得站人。

9.5.7 清理管道时,管道出口端前方10m内不得站人。拆卸混凝土输送管道接头前,应释放输送管内剩余压力。

9.5.8 吊斗浇筑混凝土时,起吊、运送、卸料应有专人指挥,吊斗下不得站人。

9.5.9 振动器开关箱内应装设防溅型漏电保护器,电源线应绝缘无破损。检修或停止作业时,必须切断电源。

9.5.10 混凝土养护时,对预留孔洞应按规定设置防护设施和安全标志,不得随意挪动;采用蒸汽、电热养护时,应设置防护围栏及安全标志,无关人员不得进入养护区域。

9.6 桩基础

9.6.1 桩基础施工前应按规定编制安全专项方案,人工挖孔桩开挖深度10m以上时安全专项方案应通过专家论证。

9.6.2 钻、挖孔桩施工前,作业人员必须了解工作区域内地质、水文、附近的建筑物及地上地下管线分布情况。

9.6.3 桩基础施工场地应平整、坚实,施工前应划定作业区并设置安全标志。桩基作业设备与电力架空线路安全距离必须符合本规程5.2的有关规定。

9.6.4 对水中钻孔平台应专门设计。平台高度应高出施工期间可能出现的最高水位(包括浪高)1m以上。平台应牢固稳定,能够承受施工期间的全部静荷载和动荷载。

9.6.5 水中平台顶面应有防滑措施,四周按规定设置防护设施,配备水上救生器材,并设置安全标志。夜间施工时应有足够照明,照明灯光不宜直射水面。

9.6.6 平台位于有冲刷的水域时应对其基础进行冲刷防护,位于有漂浮物的水域时应设置临时防撞设施,位于通航水域时,应设置临时防撞设施和明显的通航标志。

9.6.7 泥浆池四周应设置防护栏杆及安全标志,夜间应悬挂警示灯。

9.6.8 机械成孔

9.6.8.1 选用钻机时,应综合考虑孔径、孔深、桩位处的水文地质情况、施工环境条件等因素,所选用的钻机及钻孔方法应能满足施工安全的要求。

9.6.8.2 钻机操作手必须掌握钻机构造及性能,熟悉操作方法、各种指挥信号以及钻探基础知识。

9.6.8.3 钻孔机械就位后,应对钻机及配套设备进行全面检查,钻机安设应平稳、牢固。

9.6.8.4 钻孔过程中应保持作业场地整洁,场地应有防滑措施。

9.6.8.5 钻机运行中作业人员应位于安全位置,钻具悬空时下方严禁站人。

9.6.8.6 回旋钻机成孔时,严禁用普通螺栓代替加接钻杆的联结螺栓,保证连接牢靠。

9.6.8.7 冲击成孔时,应根据需要合理选用、配置冲击锤、卷扬机、钢丝绳等,冲击过程中操作手要随进尺快慢适度调整钢丝绳的松紧度,严禁打空锤。

9.6.8.8 旋挖成孔时,应严格控制钻进速度,及时清理桩孔附近的钻渣;当扭矩过大出现指示灯异常时应停机检查,排除故障后方可继续作业。

9.6.8.9 对钻机使用的电缆线应定期检查,接头必须连接牢固,确保不透水、不漏电。

9.6.8.10 钻孔作业中发生漏浆及轻微坍孔时,应及时进行补浆,采取堵漏、增压或加大泥浆比重等措施迅速处理;坍孔严重时应立即回填。

9.6.8.11 钻机装卸、检修、移位时应有专人统一指挥。

9.6.8.12 应对桩孔口进行防护,夜间应设警示灯。

9.6.9 人工挖孔

9.6.9.1 挖孔桩施工的场地应平整,排水应通畅,孔口护圈应高出孔口地面300mm以上。

9.6.9.2 挖孔作业时,周围通行的车辆应与挖孔桩保持10m以上的安全距离。距桩孔5m范围内,不得堆积荷载。

9.6.9.3 桩孔内的作业人员应戴安全帽、系安全带,安全绳必须系在孔口;吊运渣土时,孔内作业人员应暂停作业,离开吊斗正下方,贴近孔壁,桩孔内外的通信联络应保证畅通。

9.6.9.4 对采用的地面扒杆、绞车、料桶、吊绳和连接部件必须按照方案的要求设置牢固,交接班时应进行检查。

9.6.9.5 桩孔内应采用防水罩灯泡照明,电压应为安全电压,电缆应为防水绝缘电缆,并应设置漏电保护器。

9.6.9.6 作业人员上下桩孔应采用专用软梯,其强度应满足两人同时攀爬的要求。严禁作业人员随吊桶上下。

9.6.9.7 孔口周边应按规定设置防护栏杆和安全标志,夜间作业应悬挂警示灯。暂停施工时孔口应盖好盖板并上锁。

9.6.9.8 采用现浇混凝土护壁时,必须开挖一级浇筑一级,护壁节段高度必须严格按施工方案执行。拆除护壁模板时,混凝土强度应满足方案要求。每班开挖前均应对护壁情况进行检查,合格后方可开挖。

9.6.9.9 挖孔作业前,应先通风换气。作业时,孔内空气质量应符合《环境空气质量标准》(GB 3095)的有关规定。孔深大于10m或孔内存在有害气体时,必须采取强制通风措施。当使用风镐凿岩时,应加大送风量,吹排凿岩产生的石粉。

9.6.9.10 桩孔内遇孤石时宜采用膨胀法破碎;遇岩层需爆破作业时,应进行爆破设计,宜采取浅眼松动爆破法,并应符合《爆破安全规程》(GB 6722)的有关规定。

9.6.9.11 挖孔过程中,应及时排除积水;遇有地下承压水涌出时应立即停止施工,确保人员安全。严禁雨天挖孔作业。

9.6.10 应采用起重机吊放钢筋笼、吊装导管及浇筑水下混凝土。

9.6.11 钢筋笼在孔口连接时,应搭设工作平台;孔内钢筋笼应固定牢靠,并具有防止钢筋笼上浮的措施;钢筋连接人员与起重操作人员应协调一致。

9.6.12 灌注水下混凝土施工时,应搭设浇筑工作平台并设置防护栏杆,孔口应进行防护。拆卸导管时,应在导管完全松开后起吊移开;采用人工抬运导管时,应有防滑措施。

9.7 沉井

9.7.1 施工前,施工单位应按照设计要求并结合施工区域水文、地质和周边环境情况编制安全专项方案,对临时结构、吊装、运输、就位的稳定性及定位系统等进行专门设计,并通过第三方复核。安全专项方案应通过专家论证。

9.7.2 在支垫上制造沉井底节时,支垫布置应符合设计要求,当混凝土强度满足设计规定的沉井抽垫受力要求时方可拆除沉井垫木。拆除垫木时应派专人在沉井外观察和指挥,应分区域依次、对称、同步进行,防止沉井偏斜。

9.7.3 沉井的内外脚手应和沉井的模板、钢筋分开,井字架、扶梯等设施均不得固定在井壁上,顶部周围应设防护栏杆。井内的水泵、水力机械管道等设施,必须架设牢固。井内应有充足的照明。

9.7.4 采用水中筑岛施工时,筑岛围堰顶高程应高于施工期最高水位700mm以上,同时应考虑波浪的影响;在施工期内,应采取必要的防护措施保证岛体的稳定。

9.7.5 沉井就位前应对其影响区域内的建(构)筑物、地下管线和施工设备等采取有效的防护措施。在吊运、着床、下沉时必须有专人指挥。

9.7.6 浮运沉井下水前,应检查沉井的水密性,对底节尚应根据其工作压力进行水密试验。浮运前应对所经水域河床进行检查,确保无妨碍浮运的水下障碍物,并对拖运、定位、导向、锚碇、潜水、起吊及排灌水等相关设备设施进行检查。

9.7.7 沉井就位前应对所有的缆绳、锚链、锚碇和导向设备进行检查调整,使就位工作能顺利进行,并应考虑水位涨落对锚碇的影响。布置锚碇体系时,应使锚绳受力均匀,并应采取适当的措施,避免导向船和沉井产生过大的摆动或折断锚绳。沉井着床过程中应向井孔内或在井壁腔格内迅速、对称、均衡地灌水,使沉井尽快落至河床。

9.7.8 沉井着床后应采取措施使其尽快下沉,并加强对沉井上游侧冲刷情况的观测和沉井平面位置及偏斜的检查,发现问题时立即采取措施并予以调整。

9.7.9 应随时观察沉井下沉情况,并根据土质、入土深度和偏差情况及时调整除土位置、除土方法。不宜采用爆破方法进行沉井内取土,若采用爆破方法时,应进行专门设计。

9.7.10 涌水、涌砂量大时,应及时撤离井内施工人员。

9.7.11 采用配重下沉时,加载卸载应均衡对称进行,配重物件应堆码整齐,其重力中心应与沉井平面中心相重合。沉井纠偏加载时,应严格按照施工方案规定的程序进行并连续观测。

9.7.12 采用空气幕下沉沉井时,空压机储气罐等应由专人操作。储气罐放置地点应通风,严禁日光暴晒和高温烘烤。

9.7.13 水下作业清理基底时,应保持井内外的水位平衡或井内水位略高于沉井外水位,各腔内的水位应一致。井内吸泥清基时,应派专人看守吸泥机和高压射水枪的闸阀,并听从潜水员指挥。

9.7.14 通航水域施工时,应根据需要设置防止船舶撞击的设施,并设置航行标志和警示灯。作业船应设置安全标志。

9.8 扩大基础及承台

9.8.1 明挖基坑

9.8.1.1 开挖深度3m以上或虽未达到3m但地质条件和周边环境复杂的明挖基坑,施工前应编制安全专项方案。开挖深度5m以上,或开挖深度虽未达到5m但地质条件、周围环境和地下管线复杂,或影响毗邻建筑(构筑)物安全的基坑,安全专项方案应通过第三方复核和专家论证。

9.8.1.2 基坑开挖前,应对基坑边坡的稳定性进行验算,受条件限制基坑不能按规定放坡以及在土质松软层进行基坑开挖时应采取支护措施;基坑支护应根据土质情况、施工荷载、施工周期及现场情况进行设计。在开挖过程中需要降、排水时,应专门设计,确保不对基坑安全造成影响。基坑尺寸应能满足承台安全施工和排水要求,基坑顶面应有良好的运输通道。

9.8.1.3 基坑开挖前,应对边坡的稳定性、邻近建筑物的沉降与位移、地下水位变化、基底隆起等项目编制监控方案,并按方案进行监测。深基坑开挖时应建立边坡稳定动态监控系统。

9.8.1.4 开挖基坑对邻近建(构)筑物或临时设施有影响时,应采取可靠的安全防护措施。

9.8.1.5 在基坑顶面四周适当位置应开挖排水沟,防止地表水流入基坑。在基坑四周应设置防护栏杆及明显的安全标志,夜间应悬挂警示灯;应按规定设置作业人员上下人行通道。

9.8.1.6 基坑开挖过程中必须随时检查边坡滑塌、裂缝、变形以及基坑涌水、涌砂等情况,发现异常情况时,应立即停止施工,在进行加固处理、确认安全后方可继续施工。

9.8.1.7 支护结构完成后应进行检查验收,确认符合安全要求后方可进入基坑进行后续作业。不论采取何种支护方式,均应按设计要求逐层开挖、逐层加固,坑壁或边坡上有明显出水点时,应采取措施避免水流直接冲刷坑壁或边坡。

9.8.1.8 基坑顶部周边临时荷载不得超过施工设计的规定。基坑周围的机械设备和堆存的物料等与基坑边缘的距离必须满足边坡稳定或设计的要求。挖基的废方应及时运走,不得堆放在基坑顶部区域。

9.8.2 围堰

9.8.2.1 施工单位应按照设计提供的地质资料和现场情况,选用合适的围堰方式。对围堰应专门设计,其强度、刚度、稳定性必须满足施工过程中的安全要求;围堰施工前应编制安全专项方案,水深5m以上时安全专项方案应通过第三方复核和专家论证。

9.8.2.2 施工前应制定围堰结构安全监测方案,施工过程中应加强观测。

9.8.2.3 对通航水域的围堰应根据需要设置防止船舶撞击的设施,并设置航行标志和警示灯。作业船上应设置警示标志。

9.8.2.4 钢板(管)桩围堰

(1)钢板(管)桩围堰施工前应对沉桩设备及其配套机具设备、绳索等进行全面检查。水中施工时必须有安全可靠的打桩船或工作平台,在四周设安全防护设施。

(2)钢板(管)桩采用吊环时,吊环直径和焊接长度应通过计算确定,施工前应由专人检查并进行试吊。

(3)沉桩设备应由专人操作,沉桩作业应由专人统一指挥。

(4)钢板(管)桩起吊前,锁口应先修整或试插;钢板桩组拼插打时,应沿桩长设置横向夹板。起吊时应拴好溜绳,吊起钢板(管)桩未就位前桩位附近不得站人。

(5)钢板(管)桩插进锁口后,因锁口阻力不能插放到位而需桩锤压插时,应控制桩锤下落行程,防止桩锤随钢板桩突然下滑。

(6)锤击钢板(管)桩下沉时,初始阶段应采取防止溜桩措施。

(7)抽水、开挖过程中,必须严格按照围堰结构的设计要求和施工方案的顺序及时安装支撑。

(8)拔桩应从下游向上游依次进行,拔桩前应向围堰内注水使堰内外的水位保持平衡。拔桩设备应有超载限制器,严禁超载硬拔,拔桩作业时机械作业范围及桩位附近不得站人。

9.8.2.5 钢套箱围堰

(1)钢套箱围堰应经检查验收后方可交付使用。

(2)围堰定位及锚碇系统应专门设计。当采取悬吊方式安装时,应验算悬吊装置及吊杆的强度是否满足受力要求;安装前应全面检查千斤顶、吊杆、钢丝绳或滑轮组、卷扬机等起吊设施。采用船组辅助定位时,应先将定位船、导向船(或其它导向设施)就位。船间的通道及连接梁上应铺设人行道板和防护栏杆,设置供作业人员上下的专用通道。现场应配齐救生和消防器材。

(3)对钢套箱内壁的水位控制、混凝土浇筑、套箱内的水位控制应专门设计,保证结构安全。

(4)钢套箱定位前后,应检查锚碇系统的稳定情况,确认无误后方可进行下一步工作。定位锚在施放时位置应准确;抛锚地点应设置浮标。

(5)钢套箱的沉放或上浮应有专人统一指挥,应平稳、对称、均衡进行。

(6)钢套箱在就位后必须采取防撞措施,设置警示标志。

(7)有底钢套箱在浇筑封底混凝土前,应对底板与桩基之间的缝隙进行封堵止水。箱内排水应在封底混凝土强度符合设计规定后进行,排水过程应加强对围堰、支撑的监测。

(8)应严格按照施工方案进行钢套箱拆除,拆除作业时安全防护设施应齐备。

(9)围堰支撑安装与拆除按钢板(管)桩围堰的相关规定执行。

9.8.3 浇筑扩大基础及承台混凝土时,应搭设脚手架并铺设脚手板;夜间浇筑时应有足够的照明。

9.8.4 施工完成后,应及时拆除水中承台顶面以上的临时结构。

9.9 桥墩(台)

9.9.1 桥墩(台)施工前应按规定编制安全专项方案。墩身高度20m以上或采用爬模、翻模施工时,安全专项方案应通过专家论证。

9.9.2 桥墩(台)施工时应设定警戒区,并设置安全标志。

9.9.3 桥墩(台)高度2m以上时,施工前必须搭设作业平台,设置人员上下通道。

9.9.4 墩(台)身钢筋骨架在安装模板前应采取临时固定措施。

9.9.5 模板安装过程中应有防倾覆设施,高墩且风力较大地区的墩身模板,应考虑其抗风稳定性。

9.9.6 混凝土浇筑前,应对支架、模板、机械设备及防护设施的安全性等进行全面检查。

9.9.7 浇筑现场应有专人指挥,严禁吊斗碰撞模板及作业平台。人员在狭小空间内振捣混凝土时应轮换作业,并设专人进行安全监护。浇筑过程中应对模板、支架等进行监测,发现出现位移、变形等异常情况时,应采取相应措施。

9.9.8 盖梁

9.9.8.1 支架上现浇盖梁施工应符合本规程9.10的有关规定。

9.9.8.2 无支架施工时,应对抱箍、剪力销等临时结构进行专门设计。使用前应对临时结构进行预压试验,满足盖梁施工的要求。

9.9.9 高墩

9.9.9.1 对翻模、爬模应专门设计制作,其结构应满足强度、刚度及稳定性要求,爬模宜采用液压爬升系统,进场后应按设计要求进行安装、验收,合格后方可投入使用。

9.9.9.2 当墩高超过30m时,宜选用塔吊作为物料垂直提升设备;高度超过40m时,宜设置附着式载人电梯。塔吊、电梯的布置和附墙应专门设计,满足使用和安全要求。

9.9.9.3 高墩施工时安全防护设施应符合高处作业的规定。作业人员应走人行通道或施工电梯。通道口、电梯口应设置防护设施和安全标志。

9.9.9.4 对每个高墩应使用单独的专用配电箱,作业平台上的振动器、电机等应有接地装置,作业面应配置灭火器材。

9.9.9.5 爬模施工应符合下列规定:

(1)爬升前,必须对相关设备、结构安全性进行全面检查。液压设备应由专人操作,并经常维护,发现问题及时处理。

(2)爬模作业平台上应设全封闭式防护栏,防护栏外围应满设阻燃型密目网或钢板网。爬架底部应满铺脚手板;内模操作平台底部应满铺脚手板或钢板网。

(3)作业平台间必须设爬梯,禁止作业人员在爬架外侧通行。

(4)爬升体系爬升时应设可靠、独立的保险装置;模板爬升时,非爬升操作人员不得站在爬架上。

(5)模板和爬架爬升时必须按照规程操作,墩身混凝土强度应满足规定的要求。爬升过程中应随时检查,如有异常情况,应停止爬升,消除隐患后方可继续。

(6)爬升结束后,应对爬模体系、人员通道、安全防护设施及消防设施进行检查。

(7)爬模操作平台的荷载不得超过设计规定。

(8)浇筑混凝土应在模板组装完毕经检验合格后进行。浇筑混凝土时应避免振动器接触模板、对拉螺栓、钢筋。

(9)爬模拆除应严格按照专项方案执行。拆除时应根据吊装设备能力,分组拆除或吊至地面上解体,以减少高处作业量。

(10)夜间不宜进行爬升作业;6级以上大风等天气时禁止进行爬升作业。

9.9.9.6 翻模施工应符合下列规定:

(1)模板外侧应设置工作平台,平台四周应按规定设置防护设施及阻燃型安全网,底部满铺脚手板或钢板网并与平台固定。

(2)翻模前,应检查模板和混凝土之间是否完全分离,相邻围囹联接是否松开,吊具连接是否牢固,确认无误方可起吊模板至上一节段。

(3)模板提升时严禁作业人员攀附在模板上。

(4)模板安装就位后,应对模板、人员通道、安全防护设施及消防设施进行检查。

(5)作业平台上严禁堆放其他荷载。

(6)夜间及遇有6级以上大风等天气时禁止进行翻模作业。

9.10 钢筋混凝土和预应力混凝土梁式桥

9.10.1 装配式桥

9.10.1.1 梁(板)预制、安装施工应编制安全专项方案,重量150t以上或长度50m以上的梁板安装工程安全专项方案应通过专家论证。

9.10.1.2 施工单位应根据预制梁(板)结构特点、重量和现场环境状况制订运输和架设方案,选择吊装机械、运输车辆和配套设备。采用架桥机安装梁(板)的安全专项方案,内容应包括架桥机的拼装与拆除、架桥机支腿在墩台上的安装和稳固、架桥机的前移过孔、架桥机和梁体的横移、作业人员各工序操作时的安全可靠立足点和个人防护、临边洞口作业防护等。按架桥机的使用说明要求以及现场盖梁、梁体的具体情况,设计相应的墩帽固定件和横移方案,要求墩帽固定件必须牢固可靠,过墩的横梁能满足架桥机前移过孔的要求。

9.10.1.3 梁(板)预制应符合下列规定:

(1)制、存梁台座应专门设计。先张法承力台座强度、刚度和稳定性应满足规范要求。地基应有足够的承载力,必要时应进行地基处理。存放台座应坚固稳定,且应高出周边地面200mm以上。存放场地应有相应的防排水设施。

(2)预制场应配备爬梯,方便施工人员上下。预制梁高度超过2m时,应按规定设置防护栏杆。

(3)混凝土浇筑应设专人指挥,作业人员之间应分工明确,协调配合。采用吊斗浇筑混凝土时吊斗下面严禁站人。

9.10.1.4 梁(板)场内移运、存放应符合下列规定:

(1)移梁(板)时,梁(板)上严禁堆放其他重物。后张法预应力梁可在施加预应力后从预制台座吊移一次,不得在孔道压浆前多次倒运;孔道压浆后进行移运的,其压浆浆体强度应不低于设计强度的80%。

(2)梁(板)移运时的吊点位置和运输支点位置应符合设计规定,设计未规定时,应根据计算确定。吊移高宽比较大的预应力混凝土T型梁和I型梁应专门设计,防止梁体侧向弯曲受力。吊索与起吊构件的交角小于60°时,应设置吊架或起吊扁担,使吊环垂直受力。

(3)移梁设备行走道路(轨道)应经常检查维护。

(4)梁(板)首次起吊前应先进行试吊,经确认受力良好后方可继续起吊。采用双龙门起吊时应同步提升,同步移动。

(5)梁(板)存放时存梁支点位置应符合设计要求;梁(板)存放应稳定,堆放T型梁、I型梁等易倾覆的构件时必须设置斜撑。

(6)当构件多层叠放时,层与层之间应以垫木隔开,各层垫木的位置应在设计规定支点处,上下层垫木应在同一条竖直线上;叠放的高度宜按构件强度、台座地基的承载力、垫木强度及叠放的稳定性等经计算确定。

9.10.1.5 梁(板)运输、安装应符合下列规定:

(1)装运梁(板)前,应对牵引车和挂车的联接系统、制动装置等进行检查。

(2)梁(板)运输前应对运输线路进行勘察,道路状况应满足安全运输的要求。

(3)梁(板)装车时支点位置应符合设计规定,并应有防止倾倒的固定措施;装卸梁(板)时,必须在支撑稳妥后方可卸除吊钩。

(4)运输梁(板)时,除一名驾驶员主驾外,还应指派一名助手协助观察,及时反映安全情况和处理安全事宜;挂车应按规定悬挂安全标志,不得载人。车辆应低速慢行,严禁突然加速或急刹车。

(5)梁(板)安装作业时,应设置警戒区和安全标志;作业过程中,应派专人值守,专职安全员进行现场监督。在道路、航道上方进行梁(板)安装或架桥机移跨过孔时,严禁行人、车辆和船舶在桥梁下方通行。

(6)架梁施工前,在前方墩位处应设置人行通道;墩顶应设置安全防护设施。

(7)架桥机进场后,应对其主要受力构件和连接件等进行检查。使用过程中,对结构受力情况应加强观测。

(8)应按说明书的要求平衡对称拼装架桥机。支腿的横向运行轨道铺设应水平,限位装置必须灵敏可靠,限位块连接必须牢固。架桥机就位后,正式吊装前应按规定进行空载试验和试吊,取得有关部门认可后方可投入使用。架桥机过孔前,起吊天车必须与主梁可靠固定,严防起吊天车向前滑移。

(9)架桥机每日作业前,应对卷扬机、吊具及钢丝绳等进行检查,发现问题及时处理。

(10)架桥机作业时应有专人指挥。梁(板)在架桥机上纵、横向移动时,应平缓进行;起吊或落梁时应平稳匀速,垂直起吊和纵横向移动应分开进行,不得斜吊。

(11)采用跨墩龙门吊安装梁(板)时,应严格按照龙门吊的有关操作规定执行。

(12)采用两台吊机抬吊梁(板)时,起重机的选型应经过计算确定。起吊过程中应统一指挥,协调一致,尽量保持两台吊机分配荷载均衡。

(13)梁(板)安装就位后,应及时将梁(板)临时固定;对横向自稳性较差的T型梁、I型梁等,应与先安装的梁板进行可靠的横向连接,防止倾倒。

(14)梁板安装完成后应及时设置临边防护栏杆;对梁板顶面的预留孔应覆盖或设置防护栏杆,并设置安全标志。

(15)施工现场风力6级以上时应停止架梁作业。

9.10.1.6 湿接缝、体系转换施工应符合下列规定:

(1)湿接缝、体系转换前,应按规定设置人行通道和安全标志;在桥面边缘设置防护栏杆。

(2)湿接缝、体系转换施工过程中,桥梁下方应设置警戒区域和安全标志,严禁非施工人员、车辆或船舶进入。

(3)湿接缝模板安装、拆除以及临时支座拆除时,应搭设安全可靠的操作平台或按要求制作专用吊篮。

(4)在密闭的箱室内进行作业时,必须有足够的照明;夏季作业时必须采取通风和降温措施,并应有人监护。

9.10.2 支架现浇

9.10.2.1 支架现浇梁应按规定编制安全专项方案。支撑高度8m以上、或者跨度18m以上、或者施工总荷载15kN/m² 以上、或者集中线荷载20kN/m以上的支架现浇梁安全专项方案应通过专家论证和第三方复核。

9.10.2.2 支架地基承载力应满足施工设计要求,当不满足要求时,应采取措施对地基进行处理,使其承载力满足要求。采用满布式支架时,地表应采用混凝土硬化处理,顶面高出周边地面0.1m以上,两侧宽出支架范围0.5m以上,并完善排水设施。位于坡地上时,宜将地基的坡面挖成台阶。

9.10.2.3 支架搭设、预压、拆除应符合本规程9.4的有关规定。

9.10.2.4 支架搭设完成后应按规定组织验收,验收合格后方可进行后续作业。

9.10.2.5 门洞支架的搭设应符合本规程9.4的有关规定。

9.10.2.6 模板应满足强度、刚度、稳定性的要求,现浇梁模板在安装过程中,必须采取固定措施防止倾覆。

9.10.2.7 作业人员必须走人行通道,严禁利用支架或模板支撑攀登上下;作业过程中应及时完善临边防护设施,并设置安全标志。

9.10.2.8 材料垂直运输时应有专人指挥;吊臂及吊物下方严禁站人,严禁碰撞支架、模板。

9.10.2.9 混凝土浇筑顺序应按施工方案的要求进行。横桥向宜对称进行浇筑;对于纵横坡较大、曲率半径较小的结构物应从低处往高处浇筑。夜间浇筑时,应有足够的照明。

9.10.2.10 混凝土浇筑过程中应对支架的变形、位移及支架地基的沉降等进行监测,如发现超过允许值的变形、位移应及时采取措施予以处理。

9.10.2.11 箱梁的预留洞口应按规定设置安全防护设施和安全标志。

9.10.2.12 张拉、压浆作业时,作业人员应在工作平台上进行作业。

9.10.2.13 梁体混凝土强度达到设计要求或预应力张拉完成后方可进行支架的拆除。

9.10.3 移动模架逐孔现浇

9.10.3.1 移动模架现浇梁应按规定编制安全专项方案,并通过专家论证。

9.10.3.2 移动模架应专门设计制造,出厂时应有相关合格证书、操作手册等技术文件。模架的功能、承载能力及支承系统等应与所施工的预应力混凝土连续梁的各项要求相适应。模架进场后应组织验收,必须对重点部位焊缝进行无损探伤检测、对重要连接构件抽样检查。

9.10.3.3 应按照产品的操作手册进行模架拼装,拼装完成后应对其拼装质量进行检验,并应在首孔梁浇筑位置拼装就位后进行荷载试压试验,检验和试压合格后方可正式使用。

9.10.3.4 在模架所有操作平台的临边均应按规定设置安全防护设施,配备消防器材。

9.10.3.5 模架中的动力和照明线路应由电工敷设,并应定期检查。

9.10.3.6 梁体混凝土浇筑过程中,应随时检查模架的关键受力部位和支承系统,有异常时应采取有效措施及时处理。

9.10.3.7 每完成一孔梁的施工,均应对模架的关键部位及支承系统进行检查。

9.10.3.8 模架横移和纵向移动过孔前,应解除作用于模架上的全部约束。在移动过孔时,应对模架的运行状态进行监控。纵向移动时,两侧的承重钢梁应保持基本同步;不同步的最大偏差应符合产品设计的规定,且应有限位和紧急止动装置。模架在移动过孔时应严格按规程操作,防止倾覆。

9.10.3.9 移到下一孔位置后,应立即对模架进行准确就位,及时固定,并对模架关键部位和支承系统进行检查。

9.10.3.10 应在梁体预应力张拉后方可拆除模架,拆除时应严格按照专项方案实施。

9.10.4 悬臂浇筑

9.10.4.1 悬臂浇筑混凝土连续梁(连续刚构)应按规定编制安全专项方案,并通过专家论证。

9.10.4.2 对挂篮应专门设计制造,其总重量、强度、刚度和稳定性应满足预应力混凝土连续梁施工的各项要求,梁段混凝土浇筑及走行时的抗倾覆安全系数、自锚固系统的安全系数等均应符合规范规定,出厂前应进行试拼装。挂篮进场后应组织验收,必须对重点部位焊缝进行无损探伤检测、对重要连接构件抽样检查。

9.10.4.3 应对称进行挂篮拼装,及时采取稳固措施。拼装完成后应对其拼装质量进行检验,并进行模拟荷载试验,符合设计要求后方可投入使用。

9.10.4.4 在挂篮操作平台的临边均应按规定设置人行通道及安全防护设施。

9.10.4.5 如需在挂篮上增加设施(如防雨棚、防寒棚、立井架等)时,必须对挂篮的整体稳定性进行验算,不得损害挂篮结构及改变其受力形式。

9.10.4.6 挂篮采用精轧螺纹钢筋吊杆时必须使用双螺母锁紧,严禁在精轧螺纹钢筋上进行电焊、搭火。

9.10.4.7 临时固结体系应结合桥梁结构的特点专门进行设计,满足桥梁施工过程中的抗倾覆、稳定的要求。

9.10.4.8 墩顶及墩顶邻近梁段采用落地支架或托架施工应满足本规程9.4的有关规定。

9.10.4.9 混凝土浇筑前应对挂篮的锚固系统、吊挂系统和限位装置等进行全面检查,浇筑过程中应派专人对挂篮的安全使用状况进行检查。梁段浇筑按施工方案进行,两端悬臂上荷载的实际不平衡偏差系数满足设计要求。

9.10.4.10 节段混凝土施加预应力后方可移动挂篮,挂篮行走前应检查行走系统、吊挂系统、模板系统。挂篮移位应对称、同步、缓慢进行。挂篮移动到位后应及时锚固,前吊杆、后锚杆的锚固力应调试均匀,前端限位装置应设置牢固。遇有雷雨、大风、大雾等天气时,严禁移动挂篮。

9.10.4.11 张拉、压浆、凿毛作业时,应设置安全防护设施。

9.10.4.12 对合龙段吊架应专门设计,其强度、刚度、稳定性应满足施工需要;合龙段、体系转换施工应按设计等有关规定的要求执行。

9.10.4.13 挂篮拆除应按施工方案要求拆除。

9.10.4.14 挂篮前移后,应及时设置桥面临边安全防护设施。施工现场的动力和照明线路应由电工按规定敷设,并应定期检查。

9.10.5 悬臂拼装

9.10.5.1 应按规定编制安全专项方案,并通过专家论证。

9.10.5.2 悬臂拼装的起吊设备应专门设计制造,施工前应按施工荷载对起吊设备的强度、刚度和稳定性进行验算,其安全系数应符合规范规定。起吊设备进场后应组织验收。

9.10.5.3 起吊设备拼装完成后应对其进行全面安全技术检查,并应分别进行1.25倍设计荷载的静荷和1.1倍设计荷载的动荷起吊试验,符合要求后方可投入使用。

9.10.5.4 起吊设备操作平台的临边均应按规定设置人行通道及安全防护设施。

9.10.5.5 对临时固结体系应结合桥梁结构的特点专门进行设计,满足桥梁施工过程中的抗倾覆、稳定的要求。

9.10.5.6 梁段预制及存梁应符合本规程9.10的有关规定。梁段的吊点设置应符合设计要求,起吊前应全面检查吊环部位有无损伤,梁段上有无放置物件等。

9.10.5.7 梁段装车、装船运输时,应使梁、车(船)的重心相吻合,并安放平稳;支承点的位置与吊点位置一致;梁段与车(船)体应可靠固定。

9.10.5.8 节段悬臂拼装时,桥墩两侧的节段应对称起吊,且应保证桥墩两侧平衡受力,最大不平衡力应符合设计规定。

9.10.5.9 在梁段吊离车(船)200mm左右应停止提升,检查起吊设备的工作状态,确认正常后方可继续提升。

9.10.5.10 对采用湿接缝的节段,应在接缝混凝土强度达到设计强度的80%以上时方可对其施加预应力。

9.10.5.11 节段对称悬臂拼装完成并施加预应力后,方可放松起吊吊钩、移动起吊设备。行走前应检查行走系统。移位应对称、缓慢进行。移动到位后应及时锚固。遇有雷雨、大风、大雾等天气时,严禁移动。

9.10.5.12 采用吊架法施工合龙段时,合龙段吊架应专门设计,其强度、刚度、稳定性应满足施工需要;

合龙段、体系转换施工应符合设计等有关规定。

9.10.5.13 对起吊设备拆除应按施工方案要求进行。

9.10.5.14 起吊设备前移后,应及时设置桥面临边安全防护设施。应由电工按规定敷设施工现场的动力和照明线路,并应定期检查。

9.11 钢筋混凝土和钢管混凝土系杆拱桥

9.11.1 施工前应根据拱桥的结构特点和受力特性,进行施工设计和施工计算;对钢管混凝土系杆拱及采用支架现浇法、预制安装法施工的钢筋混凝土系杆拱应编制安全专项方案,并通过专家论证。

9.11.2 系梁预制吊装、现浇施工应符合本规程9.10的有关规定。

9.11.3 支架现浇钢筋混凝土系杆拱桥

9.11.3.1 支架应进行专门设计和验算,其强度、刚度和稳定性应满足施工要求。

9.11.3.2 系梁和拱肋支架宜分开搭设,结构分离。在系梁上搭设拱肋支架时,系梁应按设计要求施加部分预应力束后,方可搭设。

9.11.3.3 支架搭设应按施工方案及支架搭设的要求进行。搭设拱肋支架过程中应及时增设临时支撑,保持支架整体稳定。支架搭设完成后,应按设计要求的荷载进行预压;并应对其纵横向的稳定性进行全面检查。

9.11.3.4 拱肋两侧应设置操作平台及人行通道,平台临边应按规定设置安全防护设施。

9.11.3.5 拱肋混凝土浇筑时,应按设计要求的加载顺序对称、均匀进行浇筑。并随时观测支架的变形,根据变形情况调整浇筑顺序或临时局部加载。

9.11.3.6 支架应在拱肋混凝土达到设计规定强度后,按方案中确定的程序分步拆除。

9.11.4 预制安装钢筋混凝土系杆拱桥

9.11.4.1 施工前应验算施工构件各种工况的强度、刚度和稳定性,成桥拱轴线应符合设计要求。

9.11.4.2 支架拼装前应对少支架体系、拱肋起吊前后支架的受力情况进行验算。吊装时应考虑拱肋重心变化和风荷载的影响。

9.11.4.3 拱肋节段运输时,应用弧形垫木垫实,并与运输车辆可靠固定。

9.11.4.4 工地组拼拱肋节段,应设必要的临时支撑,节段重量应在吊机的额定起吊能力内。

9.11.4.5 拱肋采用节点立柱拼装方式时,柱底应与梁顶固结,柱顶应设操作平台,柱间应设纵、横向连接。

9.11.4.6 拱肋采用支架拼装方式时,支架上应铺设人行通道和作业平台,并应挂设安全网。

9.11.4.7 拱肋每吊装一节,应迅速临时连接,两拱肋对称吊装后,应及时安装横撑以增加横向稳定性。

9.11.4.8 单侧拱肋合龙时应尽快拉紧缆风绳,形成稳定的整体结构。

9.11.5 钢管混凝土系杆拱桥

9.11.5.1 钢管拱肋的安装应符合预制安装钢筋混凝土系杆拱桥的相关规定。

9.11.5.2 钢管拱肋在成拱过程中,宜同时安装横向联结系,未安装联结系的拱肋不得超过一个节段,否则应采取临时横向稳定措施。特殊情况下,采用单肋合龙的安装方案时,应设置可靠的节段连接装置和足够的横向抗风缆,保证单拱肋的横向稳定。

9.11.5.3 混凝土压注顺序应符合设计要求,安排专人检查混凝土到达位置,两端应对称进行直至压注完成。

9.11.5.4 灌注口、出浆口位置应搭设人员作业平台。

9.11.5.5 泵送过程中,作业人员不得站在灌注口、出浆口正前方,泵送过程中应保证压力可控,且压力变化应稳定。混凝土到达出浆口前一段距离时,应进行稳压泵送,避免压力急剧增大。

9.11.5.6 混凝土压注完毕后,应及时关闭倒流截止阀;阀门应在混凝土终凝后拆除。

9.11.6 吊杆(索)

9.11.6.1 吊杆(索)施工前应搭设作业平台,拱肋顶面应设置步梯和栏杆。雨、雪天施工,应采取防滑措施。

9.11.6.2 预制横梁安装和吊杆张拉时,应以桥轴线为对称线,沿桥跨均匀加载,不得过分集中,吊装横梁时两半跨进度差不得超过一根。

9.11.6.3 吊杆张拉应遵循同步、对称的原则,4个位置应同时张拉。不同时机和不同载荷,宜采用两次或者多次张拉,结构内力和线形状态均应符合设计要求。

9.12 斜拉桥

9.12.1 对索塔、斜拉索、主梁应按规定编制安全专项方案,并通过专家论证。

9.12.2 索塔

9.12.2.1 索塔施工应符合本规程9.9的有关规定。

9.12.2.2 施工时,索塔周边应按规定设置施工警戒区,通往索塔的人行通道应设防护棚。通航水域必须设置通航安全标志。索塔施工平台四周及塔腔内部必须配备足够的消防设施。

9.12.2.3 施工时应对其平面位置、断面尺寸、倾斜度、应力和线形等进行监测和控制。

9.12.2.4 倾斜索塔施工时,应根据索塔内力分高度设置水平横撑或拉杆。

9.12.2.5 索塔横梁及塔身合龙段施工应设置可靠的支架系统,并应进行专门设计,其强度、刚度和稳定性应满足使用要求。支架系统安装完成后,应按规定组织验收。

9.12.2.6 横梁与索塔采用异步施工时,上部索塔、下部横梁均应采取防止高空坠落和物体打击的安全措施。下横梁和中横梁钢筋混凝土施工时,必须搭设作业平台。

9.12.2.7 横梁、塔身合龙段内部空心段进行模板拼装、拆除时,应配备消防器材和照明、通风设施。

9.12.2.8 起重作业必须执行起重吊装的规定。提升和吊运索塔施工所需的机具、设备和物料必须使用专用吊具。

9.12.2.9 塔肢内人员疏散安全通道应设置明显的安全标志。塔肢内照明应采用安全电压,按规定配备消防器材,不得存放易燃易爆物品,严禁明火。

9.12.2.10 索塔施工作业,必须在劲性骨架、模板、塔吊等构筑物顶部设置有效的避雷设施,并应定期检测防雷接地电阻。

9.12.3 主梁

9.12.3.1 应严格按照施工方案规定的程序、方法和措施进行主梁施工。设计为漂浮和半漂浮体系的斜拉桥,在主梁施工前应使塔梁临时固结。

9.12.3.2 主梁采用现浇、悬浇、悬拼施工时,应符合本规程9.10的有关规定。

9.12.3.3 在现场高空焊接、栓接梁段,宜采用桥梁永久检修小车作为焊接、栓接操作平台。

9.12.3.4 钢箱梁梁段焊缝射线探伤作业人员应穿有防辐射功能的防护背心,现场设置警戒区,无关人员不得入内。

9.12.3.5 箱梁悬拼过程中,箱梁内应保持通风、使用安全电压照明。已拼接的箱梁顶面四周应按规定设置防护栏杆。

9.12.3.6 大跨径斜拉桥施工安排应合理,长悬臂状态下的主梁施工不宜在大风或台风季节进行;不可避免时,应验算长悬臂主梁的稳定性,并应采取临时抗风加固措施。

9.12.3.7 梁内涂装作业时,应采取有效措施防止中毒、火灾、爆炸等事故发生。

9.12.4 拉索

9.12.4.1 在船上放置索盘架时,应保持船体平衡。索盘架底部与船体甲板应焊牢,索盘架的四个承重点应置于船体骨架上,索架应焊斜支撑。

9.12.4.2 桥面索牵引运行时,索头小车应保持平衡,索上严禁站人。

9.12.4.3 塔端挂索施工时应按规定设置作业平台,护栏外侧应满挂阻燃型密目网。塔内脚手架应稳定可靠,操作平台应封闭,底部应挂安全网。

9.12.4.4 挂索前,应检查塔顶卷扬机、导向轮钢丝绳及卷扬机与塔顶平台的连接焊缝,以及塔肢内撑脚千斤顶、手拉葫芦及千斤顶的吊点焊接情况,其性能必须满足施工要求。

9.12.4.5 挂索或桥面压索前,应检查张拉机具,连接丝杆与斜拉索应顺直,夹板应无变形,焊缝应无裂纹,螺栓应无损伤。

9.12.4.6 梁端移动挂索平台搭设必须牢固,滑车及轨道应保持完好。

9.12.4.7 对拉索张拉所用千斤顶、油泵等机具及测力设备应进行配套校验。千斤顶张拉杆应用探伤仪进行检查,严禁使用疲劳及变形的张拉杆。

9.13 悬索桥

9.13.1 对锚碇、索塔、猫道、缆索、主梁应按规定编制安全专项方案,并通过专家论证。

9.13.2 施工前应做好专用机械设备检查、试验等工作,索股、索鞍、索夹和吊索等应符合现行国家或行业标准,经检测合格后方可使用。

9.13.3 重力式锚碇

9.13.3.1 重力式锚碇基坑开挖施工应符合本规程9.8的有关规定。

9.13.3.2 沉井作为锚碇基础施工除应符合本规程沉井的相关要求外,尚应在施工下沉过程中注意观察周边地表及构筑物的稳定情况,如发现异常应及时采取相关措施。

9.13.4 索塔施工安全应符合本规程9.9的有关规定。

9.13.5 索鞍

9.13.5.1 索鞍在安装前,应根据鞍体的外形尺寸和重量、施工环境条件、起吊高度等因素选用吊装设备。

9.13.5.2 对设置在塔顶(或鞍部顶面)的起重支架及附属的起重装置等应进行专门设计,其强度、刚度和稳定性应满足使用的安全要求。

9.13.5.3 索鞍鞍座安装面周边、索鞍吊装起重支架顶面等处应按规定设置作业平台,外侧应满挂阻燃型密目网。地面各作业区域应设置警戒区和安全标志。

9.13.5.4 安装前,应按规定对起重设施进行全面检查、验收。

9.13.5.5 索鞍正式起吊前,索鞍应先吊离地(桥)面100~200mm,持荷10min以上,检查起重设施各部位的受力和变形情况;鞍体应提升高于地(桥)面1~3m两次,检查卷扬机电机的性能。

9.13.5.6 索鞍吊装时应垂直起吊,吊装过程中构件下方严禁站人。

9.13.6 猫道

9.13.6.1 猫道应根据悬索桥的跨径、主缆线形、施工环境条件等因素进行专门设计,应具有足够的强度、刚度和抗风稳定性,其结构形式和各部尺寸应满足主缆工程施工的需要。必要时应进行抗风稳定性模型试验。

9.13.6.2 承重索和抗风缆采用钢丝绳时,架设前应通过预张拉消除钢丝绳非弹性变形,预张拉的荷载应不小于其破断荷载的0.5倍,且应持荷60min,并进行两次。

9.13.6.3 承重索端部锚头应垂直于承重索,并应对锚头部位进行静载检验和无损检测,符合要求后方可使用。

9.13.6.4 猫道架设应按照横桥向对称、顺桥向边跨和中跨平衡的原则,裸塔塔顶的变位及扭转应控制在设计允许范围内。

9.13.6.5 先导索施工应严格按照施工方案进行,并采取相应的安全措施,加强先导索跨越区域的监控和警示。

9.13.6.6 承重索及其他钢丝绳投入使用前应严格验收,禁止使用断丝、变形、锈蚀等超出相应规定的钢丝绳,施工过程中应注意检查和防护。

9.13.6.7 横桥向架设承重索,两侧应保持基本同步架设,数量差不宜超过1根;顺桥向架设承重索,边跨与中跨应连续架设,且中跨的承重索宜采用托架法架设。

9.13.6.8 面层及横向通道宜从索塔塔顶开始,同时向跨中和锚碇方向对称、平衡架设安装,并应设置牵引及反拉系统,以控制面层铺设时可能产生的下滑。

9.13.6.9 猫道面层应采取防滑措施,外侧应设置扶手绳及安全立网。

9.13.6.10 猫道单根承重索宜采用整根钢丝绳,接长的连接方式必须安全、可靠,并应进行工艺评定和静载试验,连接部位实际抗拉力应大于钢丝绳最小破断力。

9.13.6.11 牵引卷扬机安装时,基座应平稳牢固,周围排水应通畅,地锚设置应可靠,并应搭设工作棚。操作人员的位置应能看清楚指挥人员和拖动或起吊的物件。

9.13.6.12 吊装机具、连接构件等必须完好且性能可靠。

9.13.6.13 猫道拆除应按照专项方案进行。猫道拆除前应利用锚固调节系统适当收紧承重索,使其恢复悬链线受力状态。拆除时宜分节段拆除其面层和底梁,拆除宜按中跨从塔顶向跨中方向、边跨从塔顶向锚碇方向的顺序进行。承重索拆除时,承重索与塔顶卷扬机的钢丝绳必须连接牢固,确保其连接强度。

9.13.6.14 猫道面层拆除时宜利用悬挂于猫道承重索上的可移动作业平台进行作业,同时,作业人员应使用接长安全绳,拴挂于主缆检修道扶手绳上作为附加安全保险,并应安排专人在主缆检修道上负责作业监护和附加接长安全绳移动工作。

9.13.6.15 猫道面层拆除时应做好被切割件、零部件等的收集存放,并采取固定防坠落措施。气割作业时应采取措施,防止熔融物坠落。

9.13.6.16 猫道安装、拆除施工时应按规定设置警戒区。作业时应有专人统一指挥、监护,所有人员应按方案中站位图指定的位置进行作业。高空作业人员应按照高处作业的要求,将所携带的各种工具、螺栓等在专用工具袋中放好,在高空传递物品时,应挂好安全绳,不得随便抛掷。

9.13.6.17 施工过程中,应对用电、明火等危险源采取防范措施,不得损伤钢丝绳、锚固等系统。

9.13.6.18 遇雨雪、大风、大雾等天气时禁止施工。

9.13.7 主缆

9.13.7.1 索股的牵引系统宜结合工程特点、施工安全、工艺水平及环境条件等因素综合确定。

9.13.7.2 索股放索时索股在索盘上不得突然释放,放索牵引过程中应有专人跟踪牵引锚头,且宜在沿线设观测点监测索股的运行状况,发现问题应及时采取措施加以纠正。

9.13.7.3 必须严格检查索股锚头与牵引索之间的连接,牵拉过程中应随时观察接头状况,发现安全隐患必须及时处理。

9.13.7.4 架设时前3根索股宜低速牵引,牵引系统应进行试运转,正式的索股架设工作应在运转正常后进行。索股在牵引架设时应在其后端施加反拉力。索股锚头牵引到位后,卸锚头前应临时固定索股,防止滑移。

9.13.7.5 索股整形入鞍时,握索器与索股应连接可靠,索股与握索器不得发生相对滑移。索股横向位移不宜过大,操作人员不得处于索股下方。

9.13.7.6 索股锚头入锚后应临时锚固;索鞍位置处调整好的索股应临时压紧固定,不得在鞍槽内滑移。

9.13.7.7 紧缆、缠丝和涂装时,施工人员应正确佩戴安全防护用品并应严格执行操作规程。

9.13.7.8 雨雪、雷暴、大风、大雾等天气下严禁施工。

9.13.8 索夹与吊索

9.13.8.1 在满足施工需要的前提下,应减小猫道面层开孔面积,并应在开孔位置四周绑扎防滑木条、设立安全标志。吊索安装后应及时封堵。

9.13.8.2 索夹在主缆上定位后,应按设计要求立即紧固螺栓。

9.13.8.3 索夹、吊索等在吊装过程中,缆索吊运行速度应平稳,施工人员应在吊运构件到位稳定后作业。

9.13.8.4 制动不良不得吊运作业,严禁斜吊和超载起吊。

9.13.9 加劲梁

9.13.9.1 加劲梁安装前应对桥位处的自然环境条件进行勘察,充分掌握当地的有关气象资料。

9.13.9.2 对无索区支架的结构均应进行专门设计,支架的强度、刚度及稳定性必须满足相关规范要求。

9.13.9.3 加劲梁在安装施工过程中,应严格遵守高空作业及水上作业的安全规定;在台风季节进行加劲梁安装时应制订抗风预案。

9.13.9.4 对安装钢箱加劲梁的非定型吊机、吊索具等应进行专门设计,对主要受力结构进行荷载试验。

9.13.9.5 钢桁架梁吊装时,对桥面吊机、铰接设备、吊索牵引机具、片架运输台车、行走轨道铰点过渡梁和移动操作台车等设备应做专项设计、加工及试验。桥面吊机应满足拼装过程中顺桥向坡度变化的要求,底盘应设止滑保险装置。

9.13.9.6 加劲梁吊装设备使用前应按规定组织验收,合格后方可使用,正式吊装施工前必须进行试吊,检验其安全性和可靠性。

9.13.9.7 采用液压式缆载吊机吊装时,应检查钢绞线提升和下放的同步性和受力的均匀性,并定期检查、更换夹片;采用卷扬式缆载吊机吊装时,应检查钢丝绳的各转向装置,确保其牢固可靠。应定期检查卷扬机的制动和保险装置。

9.13.9.8 钢箱加劲梁吊装就位后,工地接头应按设计要求进行临时刚性连接,解除临时刚性连接应按设计要求进行。

9.13.9.9 采用全铰接法架设钢桁架梁时,应逐一分析桁架梁及吊索的内力及变形,桁架梁斜杆及吊索的最大应力应控制在允许范围内。

9.13.9.10 加劲梁吊装时吊装指挥人员和操作控制人员之间通信应畅通。

9.13.9.11 对吊装设备应安排专人负责监测,发现吊绳松弛、油泵漏油、吊具偏位等情况必须立即停止作业。

9.13.9.12 每榀梁吊装完成后,应按规定设置顶面四周的安全防护设施。

9.13.9.13 在现场高空焊接、栓接梁段,宜采用桥梁永久检修小车作为焊接、栓接操作平台。

9.13.9.14 钢箱梁梁段焊缝射线探伤作业人员应穿戴有防辐射功能的防护背心,现场设置警戒区,无关人员不得入内。

9.14 桥面系及附属工程

9.14.1 混凝土桥面铺装层施工

9.14.1.1 中分带位置处应根据需要设置人行通道。

9.14.1.2 采用起重设备进行钢筋骨架(网片)吊运时,应有专人指挥。

9.14.1.3 采用汽车泵泵送混凝土时,应采用绳索牵拉泵管;作业后采用压缩空气冲洗管道时,管道出口端正前方10m内严禁站人。

9.14.1.4 混凝土浇筑完成后,应及时清运剩余材料,严禁直接向下抛掷。

9.14.1.5 应及时填充伸缩缝预留槽口。

9.14.2 护栏施工

9.14.2.1 护栏施工时应采用工作吊篮。吊篮必须专门设计制作,四周应设置防护栏杆,验收合格方可投入使用。

9.14.2.2 护栏施工过程中,桥梁下方有人、车通过时,桥下应设置警戒区,设专人监护。

9.14.2.3 在吊篮内作业时,作业人员应正确使用安全带,并有专人监护。

9.14.2.4 混凝土浇筑时,作业人员应在工作平台上操作,严禁站在模板上振捣;不得用手直接推扶混凝土吊斗或泵管。

9.14.3 支座垫石施工及支座安装

9.14.3.1 支座垫石施工时,宜尽量利用墩台帽施工作业的安全防护设施。

9.14.3.2 支座安装前,应及时清理墩顶杂物,并采取必要的安全防护措施。

9.14.3.3 支座应在架梁前安装到位,严禁支座安装与架梁同步进行。

9.14.4 伸缩装置安装

9.14.4.1 安装前必须制订专项交通组织方案。

9.14.4.2 安装时,应在槽口周围采取防护措施,设置安全标志。

10 隧道工程

10.1 一般规定

10.1.1 本章适用于以钻爆法为主的公路隧道工程施工的安全技术管理。

10.1.2 隧道工程开工前应按规定进行安全风险评估。

10.1.3 隧道开工前,必须进行隧道地质超前预报,并将其作为隧道施工的一道工序纳入施工组织设计。

10.1.4 开工前,施工单位应根据设计要求,并结合隧道规模、地形地质条件、施工方法、支护类型和参数、工期安排制订施工全过程监控量测方案。监控量测工作应结合开挖、支护作业的进程,按要求布点和监测,并根据现场实际情况及时调整补充,量测数据应及时分析、处理和反馈。对地质条件和周边环境复杂的隧道、长隧道应委托专业队伍实施监控量测。

10.1.5 工程开工前,施工单位应根据总体施工组织设计编制施工方案,对材料堆放场地及风、水、电、路等设施应统筹布置,并明确相应的安全技术措施,危险性较大的工程应按规定编制安全专项方案。

10.1.6 弃渣场地应设置在不堵塞河流、不污染环境、不毁坏农田的地段。

10.1.7 施工单位应根据建设单位提供的施工现场及毗邻区域内水、电、气、通信等管线资料进行复查并做好标识,并对周围有影响的建(构)筑物、附近道路等按规定采取保护或加固措施。

10.1.8 隧道作业人员进出洞口必须登记,班组间应执行交接班规定。

10.1.9 隧道工程施工应遵循"五不挖"原则,即不探不挖、不护不挖、不测不挖、不定不挖、不符不挖。

10.1.10 隧道施工机械应根据隧道长度、断面大小、地质条件、施工方法等因素合理配置,并做到安全可靠,节能环保。

10.1.11 隧道施工应建立可靠通信联络系统,长、特长及高风险隧道施工还应建立可视监控系统,并定期维护,保证洞内外信息交流及时、通畅。

10.1.12 每个作业点应配备不少于2具MF/ABC4灭火器。

10.2 洞口与明洞工程

10.2.1 洞口工程

10.2.1.1 洞口工程应编制安全专项方案。

10.2.1.2 洞口施工前应核对施工图与现场实际地质、毗邻建(构)筑物情况。当设计与实际情况不符时,施工单位必须及时上报,并按变更设计处理。

10.2.1.3 洞口开挖和进洞施工宜避开雨期、融雪期及严寒季节。洞口边、仰坡排水系统应在雨期之前完成。

10.2.1.4 洞口施工前,应稳定好洞口的边坡和仰坡,做好截水沟、边沟等截排水设施。边坡和仰坡以上可能滑塌的表土、灌木及山坡危石等,应清除或加固。在不良地质地段,应在进洞前按设计要求对地表及仰坡进行加固防护。

10.2.1.5 隧道排水应与洞外排水系统合理连接,不得侵蚀软化隧道和明洞基础,不得冲刷路基坡面及桥涵锥坡等设施。

10.2.1.6 洞口边坡及仰坡应自上而下开挖,不得掏底开挖或上下重叠开挖。当洞口为石质围岩时,应采取微震动控制爆破方式施工。

10.2.1.7 洞口工程施工时应采取相应措施,加强对周围建(构)筑物、既有线、洞口附近交通道路的防护。

10.2.1.8 施工过程中应对洞口边、仰坡进行监控量测,随时检查变形状态,发现不稳定现象时,及时采取措施。

10.2.1.9 洞口永久性挡护工程应紧跟土石方开挖及早完成。

10.2.2 明洞工程

10.2.2.1 明洞工程应编制安全专项方案。

10.2.2.2 明洞边坡开挖应根据设计要求采取相应的加固措施。明洞衬砌施工应仰拱先行、拱墙整体浇筑。

10.2.2.3 明洞石质开挖应防止爆破影响边、仰坡稳定。

10.2.2.4 明洞边墙地基承载力应满足设计要求。边墙基础混凝土浇筑前应排除坑内积水，完成后应及时回填。

10.2.2.5 明洞衬砌应符合本规程10.7的有关规定。

10.2.2.6 明洞拱圈外模拆除后，应及时按设计要求做好防水层及纵向盲沟，保证排水通畅。

10.2.2.7 明洞拱圈混凝土达到设计强度后，应由人工夯实回填至拱顶以上1m后方可采用机械回填。

10.3 洞身开挖

10.3.1 施工单位应根据隧道长度、断面大小、结构形式、工期要求、机械设备、地质条件等，选择适宜的开挖方案，并编制安全专项方案，明确通风、照明、给排水、消防等要求。溶洞、暗河、瓦斯、岩爆、涌水突泥、断层等不良地质隧道，浅埋段、偏压严重段隧道洞身开挖安全专项方案应通过专家论证。

10.3.2 隧道开挖使用的作业台架应专门设计，并进行强度、刚度和稳定性验算，完善安全防护设施，经验收合格后方可使用。

10.3.3 洞身开挖必须按照施工方案规定的程序进行，开挖作业不得危及初期支护、衬砌和设备的安全。

10.3.4 爆破后，应对开挖面及未衬砌地段进行检查，对可能出现的塌方、冒顶、初期支护变形或开裂等险情，应采取相应措施及时处理。

10.3.5 开挖后应及时做好围岩地质的核对和监控测量工作，地质变化处和重要地段应有相应照片和文字描述记载。

10.3.6 在施工过程中，施工单位应根据对开挖面的直接观察、围岩变形的量测结果，辅以超前地质预报，结合岩层构造、岩性及地下水情况，提出围岩分类的修改意见，并判定隧道围岩稳定性，提出相应的处理措施。

10.3.7 双向开挖隧道的贯通宜选择在围岩较好的地段。双向开挖距离接近时，两端施工应加强联系、统一指挥，并采取浅眼低药量等施工方式控制爆破震动；当两开挖面间的距离为15~30m时，应改为单向开挖，一端必须停止开挖，将人员机具撤走，并在安全距离处设立警告标志。

10.3.8 双洞开挖时，应根据两洞的轴线间距、洞口里程距离、地质条件及其他自然条件，选择适当的开挖方法，确定好两洞开挖的时间差和距离差，并采取措施防止后行洞开挖对先行洞周壁产生的不良影响。一洞爆破时，另一洞严禁装药，且人员、设备必须撤至安全区域。

10.3.9 钻爆作业

10.3.9.1 隧道掘进施工前应对钻爆作业进行专门设计，并进行试爆，根据试爆结果合理调整各项参数。

10.3.9.2 对于小净距隧道、连拱隧道以及地表周围有建(构)筑物的浅埋隧道，在开挖过程中，应监测围岩爆破影响深度以及爆破震动对周围其他建(构)筑物的破坏程度。

10.3.9.3 隧道爆破应采用光面爆破技术，爆破作业及爆破物品管理，必须符合《爆破安全规程》(GB 6722)的有关规定。

10.3.9.4 钻孔作业必须采用湿式钻孔。钻孔前，必须由专人对开挖作业面安全状况和作业人员安全防护进行检查，及时消除各种安全隐患。钻孔作业时应注意观察开挖工作面有无异常漏水、气体喷出、围岩变化等情况，严禁在残孔中继续钻孔。

10.3.10 采用全断面法施工时，应按设计要求控制一次同时起爆的炸药量，减少爆破震动对围岩的影响。开挖爆破后应先采用机械进行找顶，然后用人工找顶。

10.3.11 台阶法开挖施工时,台阶分层不宜过多,长度不宜超过隧道开挖宽度的1.5倍。下台阶应在上台阶喷射混凝土强度达到规定强度后开挖,开挖后,应及时喷射混凝土进行封闭;当设有钢架时,应及时安装下部钢架并喷射混凝土,严禁拱脚长时间悬空。

10.3.12 环形开挖留核心土法施工时,开挖进尺宜为0.5~1m;核心土面积不应小于开挖断面面积的50%。开挖后应及时施工喷锚支护、安设钢架支撑,相邻钢架必须用钢筋连接,并应按设计要求施工锁脚锚杆。

10.3.13 中隔壁法、交叉中隔壁法施工时,开挖侧喷射混凝土强度应达到设计要求后再进行另一侧开挖,同层左、右两侧沿纵向间距不宜小于15m。中隔壁及临时支撑应在仰拱施工完成后,浇筑二次衬砌时逐段拆除。

10.3.14 双侧壁导坑法施工时,侧壁导坑开挖后应及时施工初期支护并尽早形成封闭环;侧壁导坑形状应近于椭圆形断面,导坑跨度宜为整个隧道跨度的三分之一;左右导坑施工时,前后拉开距离不宜小于15m;导坑与中间土体同时施工时,导坑应超前30~50m。

10.3.15 仰拱开挖时,应采取措施保证施工交通安全。应根据监控量测结果和地质情况综合确定仰拱一次开挖长度,开挖后立即进行初期支护,封闭成环。

10.4 出渣与运输

10.4.1 出渣与运输工程应编制安全专项方案。

10.4.2 装渣作业

10.4.2.1 装渣前及装渣过程中,应检查开挖面围岩的稳定情况,发现有松动岩石或塌方征兆时,必须先处理再装渣。

10.4.2.2 装卸渣作业应有专人指挥。要注意爆后残留在掌子面上和埋在爆渣之中的拒爆残药,发现拒爆残药,必须立即通知专业人员进行处理。

10.4.2.3 人工装渣时,应将车辆停稳并制动。漏斗装渣时,漏斗处应有防护设备和联络信号。装渣结束后漏斗处应加盖;接渣时,漏斗口下不得有人通过。

10.4.2.4 机械装渣时,应设置警戒区。装载机械应能在开挖断面内安全运转,作业时应严格按操作规程进行,其回转范围内不得有人通过。不得损坏已有的支护及设施。

10.4.2.5 采用有轨式装渣机械时,轨道应紧跟开挖面,调车设备应及时向前移动。

10.4.3 卸渣作业

10.4.3.1 卸渣作业应根据弃渣场地地形条件、弃渣利用情况、车辆类型,合理布置卸渣路线,渣料应卸在指定场地。

10.4.3.2 卸渣作业时应有专人进行现场指挥和管理,无关人员和车辆不得随意在卸渣场内逗留、穿行。

10.4.3.3 轨道运输卸渣时,卸渣码头应搭设牢固,并设挂钩、栏杆,轨道末端应设置可靠的挡车装置和标志,以及足够宽的卸车平台。

10.4.3.4 应加强对弃渣堆体观测,发现堆体出现不稳定的迹象或其他不良影响时,应停止卸渣,并采取有效措施。

10.4.4 运输

10.4.4.1 隧道施工时,应建立运输调度系统,并编制运输计划,统一指挥。

10.4.4.2 运输前应检查运输车辆及相关设备,确保其性能完好。

10.4.4.3 运装大体积或超长料具时,应有专人指挥,专车运输,严禁人料混载。

10.4.4.4 运输道路应平整,并具有足够的强度,应设置会车、转向场所及人行通道;进出隧道人员必须走人行通道,不得与机械抢道,严禁扒车、追车或强行搭车。线路两侧的废渣和余料应随时清理。

10.4.4.5 隧道施工运输路线的空间必须满足最小行车限界要求,并根据不同的运输方式,在洞口、台架、设备、设施等显著位置设置信号和安全标志。

10.4.4.6 在施工作业地段和错车时行车速度不应大于15km/h,成洞地段不宜大于20km/h。行驶中严禁超车,洞内倒车与转向应有专人指挥。

10.4.4.7 采用有轨运输时,应结合工程实际进行专门设计。

10.5 支护

10.5.1 支护工程应编制安全专项方案。隧道预应力锚杆工程以及长隧道和Ⅳ级及以下围岩的短隧道支护工程安全专项方案应通过专家论证。

10.5.2 支护应配合开挖作业及时进行,并封闭成环。

10.5.3 支护每项工序施工前应先对作业面进行检查,及时清除松动的岩石和混凝土块。

10.5.4 应派专人观察支护各部位,发现支护变形或损坏时,应及时采取加固措施,必要时施工人员应及时撤离现场。

10.5.5 管棚和超前小导管支护

10.5.5.1 作业前应检查钻机、注浆机及配套设备、风水管等施工机具的安全性能,施工过程中应确保钻机稳定牢靠,注浆管接头及高压风水管连接牢固。

10.5.5.2 施工过程中应派专人负责对开挖工作面进行安全观测。

10.5.5.3 在水压较高的隧道进行钻孔作业时,应选择适合较高水压的钻孔设备,并应采取防突水、突泥冲出的反推或拴锚措施;应安装满足水压要求的带止水阀门的孔口管,孔口管应安装牢固;作业时人员不得位于孔口正面,且应远离孔口。

10.5.5.4 钻孔结束后应及时进行清孔并安装超前导管(管棚及钢筋笼),遇塌孔应拔管后重新清孔,不得强行顶进。拔管所用钢丝绳应能满足其承受拉力的要求,且两端应固定牢靠,拔管时周围人员应保持一定安全距离。

10.5.5.5 换钻及顶进钢管时,钻杆、钢管不得掉落伤人。

10.5.5.6 临时存放在作业平台上的导管应根据平台设计荷载及安全性能验算结果确定存放数量和高度,同时应采取防止滚落的措施。

10.5.6 喷射混凝土

10.5.6.1 喷射混凝土作业时应设置警戒区,非施工人员不得进入喷射作业区。

10.5.6.2 喷射混凝土施工中应经常检查输料管、接头的使用情况。操作人员不得在料管接头附近(特别是输料管前端)停留,喷射位置下不得站人。

10.5.6.3 转移喷射地点前应先关闭喷射机,喷嘴不得正对着人和设备。

10.5.6.4 喷射混凝土时应采取有效的降尘措施,控制空气中粉尘含量;喷射作业人员应按要求使用劳动防护用品,不得直接接触液体速凝剂。严禁采用干喷工艺。

10.5.7 锚杆

10.5.7.1 锚杆施工时,应根据锚杆设置及围岩实际情况,及时调整锚孔角度及采用合适的钻杆和钻进方法,锚杆的孔位、孔径、孔深及布置形式应满足设计要求。

10.5.7.2 锚孔钻进作业时,钻机及作业平台应保持稳定牢靠,应至少配备一人协助钻机操作人员作业。

10.5.7.3 锚杆钻孔过程中如遇大量突泥涌水,应先暂停作业,及时注浆封堵,待探明地质情况并采取有效措施后方可继续施工。

10.5.7.4 钻孔深度不应小于锚杆杆体有效长度,但深度超长值不应大于100mm。

10.5.7.5 锚杆安设后不得随意敲击,其端部在锚固材料未达到规定强度前不得悬挂重物。

10.5.8 钢筋网

10.5.8.1 钢筋网应与锚杆或其他固定装置连接牢固。

10.5.8.2 钢筋网应随受喷面起伏铺设,与受喷面的最大间隙不宜大于30mm。

10.5.8.3 钢筋搭接长度不得小于$30d$(d为钢筋直径),并不得小于一个网格长度尺寸,焊接作业时,作业区域内不得有易燃易爆物品,施焊时其下方不得有人员逗留或穿行。

10.5.9 钢架

10.5.9.1 钢架安装前应先清除底脚下的虚渣及其他杂物,拱脚必须落在牢固的基础上,脚底超挖部分应用喷射混凝土填充。

10.5.9.2 钢架提升前应检查提升设备的性能,吊点埋设应牢固。钢架架设过程中应有专人按规定信号进行指挥,并随时观察围岩情况,不得利用装载机作为钢架安装作业平台。

10.5.9.3 钢架应分节段安装,从边墙部向拱顶部顺序进行。每拼装一节后应采取支撑和固定措施防止钢架倾覆或扭转。节段与节段之间应按设计要求连接。

10.5.9.4 钢架架设完成后,应用纵向钢筋将相邻两榀钢架连成整体,并及时安装锁脚锚杆(管)。连接钢筋直径不应小于18mm,间距不应大于1m。

10.5.9.5 分部法开挖隧道,下部开挖后钢架应及时接长、落底,严禁钢架底脚左右同时开挖悬空。

10.5.9.6 钢架应经常检查,如发现破裂、倾斜、弯扭、变形以及接头松脱、漏空等异常状态,必须立即加固。

10.5.9.7 钢架的更换、拆除,应本着"先顶后拆"的原则进行,防止围岩松动坍塌。临时钢架支护应在隧道钢架支撑封闭成环及满足设计要求后拆除;当钢架侵入限界需要更换时,应先做好临时安全措施后采取逐榀更换、先立新钢架后拆除废钢架的方法,严禁先拆废钢架后立新钢架或同时更换相邻的多榀钢架。

10.6 仰拱和底板

10.6.1 隧道设有仰拱时,应及时安排施工,使支护结构早闭合,改善围岩受力状况,控制围岩变形,保障施工安全。

10.6.2 仰拱宜分段一次整体浇筑,并应根据围岩情况严格限制一次施工长度;工作区应有专人监护,并应设安全标志。

10.6.3 仰拱、底板施工时,施工过程中应采取搭设栈桥等架空设施,保证洞内临时交通通畅。栈桥等架空设施强度、刚度和稳定性应符合要求。栈桥基础应稳固,桥面应进行防侧滑处理,栈桥两侧应设限速标志。

10.6.4 隧道底板坡面要求平顺,施工缝、变形缝处应进行防水处理。

10.7 衬砌

10.7.1 衬砌工程应编制安全专项方案。

10.7.2 衬砌工程应严格按照施工方案规定的程序及时进行,在浅埋、偏压、围岩松散破碎等特殊地段的隧道和洞口段应尽早施作衬砌。

10.7.3 衬砌工程施工宜采用全断面模板台车,台车使用时应满足以下要求:

10.7.3.1 衬砌台车应专门设计制作,宜采用全液压自动行走的整体衬砌台车。衬砌台车应结构尺寸准确,各种伸缩构件、液压系统、电气控制系统运行良好,合理设置各支承机构;应满足自动行走要求,并有闭锁装置,保证定位准确。

10.7.3.2 台车模板及支架应具有足够的强度、刚度和稳定性,能安全地承受所浇筑混凝土的重力、侧压力以及在施工中可能产生的各项荷载。

10.7.3.3 台车模板支撑桁架门下净空应满足隧道衬砌前方施工所需大型设备通行要求;桁架各层平台的高度应满足施工要求,同时应设有上下通行的爬梯。

10.7.3.4 台车应在隧道进洞前进场,进场后施工单位应对台车进行拼装调试,并会同有关单位对台车进行验收,验收合格后方可使用。

10.7.3.5 衬砌台车必须由经培训过的台车司机专人操作,对控制面板、油路、顶缸等重点部件要加强管理维修。

10.7.3.6 每衬砌500～600m时,应对台车进行一次全面校验。

10.7.4 衬砌钢筋

10.7.4.1 衬砌钢筋应集中加工、统一配送,不得在隧道洞内加工钢筋。隧道内运输钢筋应根据洞内设施情况进行装载,并捆绑牢固,固定可靠,防止发生碰撞和掉落。

10.7.4.2 衬砌钢筋安装过程中应采取临时支撑措施,支撑应牢固、可靠,并在醒目位置设置安全标志。

10.7.5 模筑混凝土

10.7.5.1 混凝土浇筑前应检查台车的安全性能。采用台架衬砌施工时,衬砌用台架应进行专门设计,满足强度、刚度及稳定性的要求。

10.7.5.2 风、水、电管路通过衬砌台车(台架)时,应规范布设,满足相关要求;管线需要临时改移时,应加强洞内外的联系,设专人巡查,严防触电及管路伤人事故。

10.7.5.3 台车(台架)作业地段进行吊装作业时,应设置警戒区并有专人监护,统一指挥。

10.7.5.4 拱墙衬砌混凝土,应由下向上从两侧向拱顶对称浇筑。

10.7.5.5 拱顶注浆充填应在衬砌混凝土强度达到设计强度后进行。

10.7.5.6 不承受外荷载的拱、墙混凝土强度应达到 5.0MPa 后,方可拆除拱架、墙架和模板。

10.7.5.7 承受围岩压力的拱、墙以及封顶和封口的混凝土强度应满足设计要求后,方可拆除拱架、墙架和模板。

10.8 通风与防尘

10.8.1 通风方式应根据隧道长度、断面大小、施工方法、设备条件等确定。隧道施工掘进长度超过150m时,必须采用机械通风。当主风流的风量不能满足隧道掘进要求时,应设置局部通风系统,并应尽量利用辅助坑道。

10.8.2 隧道施工通风应能提供洞内各项作业所需要的最小风量,每人应供应新鲜空气 $3m^3/min$,采用内燃机械作业时,供风量不宜小于 $4.5m^3/(min \cdot kW)$。全断面开挖时风速不应小于 0.15m/s,导洞内不应小于 0.25m/s,但均不应大于6m/s。

10.8.3 长及特长隧道施工应配备备用通风机和备用电源,保证应急通风的需要。

10.8.4 通风机具安装应符合设计要求。通风机应有适当的备用量,宜为计算能力的50%。

10.8.5 通风管沿线应每隔 50~100m 设立安全标志或警示灯;严禁人员在风管的进出口附近停留,不得将任何物品放在通风管或管口上。

10.8.6 空气中的氧气含量在作业过程中应始终保持在19.5%以上。严禁用纯氧进行通风换气。

10.8.7 隧道施工应采取通风、洒水、湿式凿岩等综合防尘措施。施工单位应配备专用检测设备及仪器,对开挖工作面、喷射混凝土地段、混凝土搅拌场等有扬尘的作业场所,应按规定时间测定粉尘和有害气体的浓度。

10.8.8 空气中的 CO、CO_2、NO_2 等有害气体浓度,空气中粉尘浓度及作业场所的噪声和温度应符合《公路隧道施工技术规范》(JTG F60)的相关规定。

10.8.9 施工单位应派专人负责通风的管理工作,定期巡查维护通风设施,检查空气质量,量测温度及噪声。

10.9 供电与照明

10.9.1 隧道供电与照明应符合《施工现场临时用电安全技术规范》(JGJ 46)、《建设工程施工现场供用电安全规范》(GB 50194)的规定,瓦斯隧道供电与照明还应符合《煤矿安全规程》的有关规定。施工单位应按规定编制临时用电施工组织设计并通过专家论证。

10.9.2 临时成洞地段固定的电线路应采用绝缘良好的胶皮线架设。施工地段的临时电线路应采用橡套电缆。瓦斯地段的输电线必须使用密封电缆。

10.9.3 动力干线上的每一分支线,必须装设开关及保险装置。严禁在动力线路上加挂照明设施。

10.9.4 洞内设置 6~10kV 变电站时,应设置在干燥的紧急停车带或不使用的横通道内,变压器与周围及上下洞壁的最下距离不得小于300mm,变电站周围应设防护栏杆及警示灯。

10.9.5 隧道施工现场必须有充足的照明。

10.9.6 隧道内开挖、支撑及衬砌作业地段照明电压及手提作业灯应为12~36V。

10.9.7 漏水地段照明应采用防水灯具,瓦斯地段照明应采用防爆灯具。

10.10 防水与排水

10.10.1 施工单位在编制洞身开挖安全专项方案时,必须根据设计提供的工程及水文地质资料并结合现场实际情况,预计可能出现的地下水情况,制订防排水措施。对富水软弱破碎围岩、岩溶等有突涌水风险的隧道,必须进行防突涌水专项设计,制订相关预案。

10.10.2 洞内顺坡排水沟断面应满足排除隧道中渗漏水和施工废水的需要,并经常清理排水设施,防止淤塞,确保水路畅通。

10.10.3 洞内反坡排水应采用机械排水,根据实际情况可采取一次或分段接力排出洞外;集水坑的容积应根据实际的排水量确定,位置宜设在减少施工干扰的地方。

10.10.4 在膨胀岩、土质地层、围岩松软地段等特殊或不良地质地段隧道中,水流不宜直接接触围岩,根据需要对排水沟进行铺砌或用管槽代替,排水沟中不得有积水。

10.10.5 台阶法施工时,上台阶应在下台阶开挖前架设槽(管)将水引排至下台阶排水沟内,横向分幅开挖时应挖横向排水沟将水引至未开挖的一侧,严禁漫流浸泡下台阶。

10.10.6 突然遇到大面积渗漏水时,作业人员应迅速疏散至安全地点,施工单位应及时查明原因,采取必要的措施。

10.11 应急处置

10.11.1 瓦斯隧道、有突涌水风险的隧道,应进行瓦斯防爆、防突水、防涌水的专项设计,制订安全专项方案。

10.11.2 针对隧道内火灾、坍塌等风险,以及其他自然灾害(大雨、强风、地震等)可能造成安全事故的风险,应制定应急救援预案。

10.11.3 隧道施工中必须配备必要的救援物资和设备器材,设专人管理,并定期检查、维护和更新。

10.11.4 隧道内交通道路及开挖作业等重要场所必须设置安全应急照明和应急逃生标志,应急照明应有备用电源并保证光照度符合要求。

10.11.5 隧道施工期间各施工作业面必须安装警报装置,警报装置的设置应符合下列规定:
(1)设置警报设备的场所,应有应急照明,并在停电时能够识别;
(2)使用电源的警报设备应配备备用电源;
(3)警报设备应采用手动警报设备、自动警报设备、旋转灯、广播设备用的扩音器及其他警报设备,组合使用,互为备用,保证其性能可靠。

10.11.6 地质不良地段,开挖面还应设置长度大于50m、直径不小于800mm、壁厚不小于10mm的钢管,作为必要的安全逃生通道。

10.11.7 隧道内发生瓦斯燃烧、中毒、爆炸险情后,应立即切断洞内所有施工及照明线路电源,组织人员撤离。

10.11.8 当隧道内发生火灾时应及时迅速启动报警系统,采用灭火器、水管等消防器材,尽可能地在第一时间将火扑灭。当火势失去控制时,应判明方向,迅速判断危险地点和安全地点,组织作业人员按逃生路线向洞外或附近避难所撤离。

11 特殊路段施工

11.1 一般规定

11.1.1 特殊路段施工交通组织方案必须经相关主管部门批准。施工前,应编制安全专项方案。

11.1.2 施工前应按规定时间提前在电台、报纸和网站等媒体上发布有关施工作业及交通管制信息。

11.2 边通车边施工

11.2.1 边通车边施工时,其标志标牌的设置可参照《江苏省高速公路养护施工安全技术规程》(DB 32/T 1363)的有关规定执行。

11.2.2 施工作业区应按安全专项方案的要求设置安全警示标志和防护设施,并安排专人检查,发现缺损及时补足。

11.2.3 施工路段应有专人指挥交通,疏导车辆,必要时可实行临时交通管制。

11.2.4 施工时,应设置车道临时隔离带,隔离带应有诱导标志。

11.3 跨线施工

11.3.1 施工时应设置安全网、防护棚等防坠落设施,并宽于施工界面两侧不小于1m。进行焊接作业时,应设置挡板防止焊花溅落,并安排专人监护。对易燃易爆等危险品运输车(船)通过时应及时预警。

11.3.2 架设梁(板)时,必须封闭交通。

11.3.3 跨越公路施工应设置车辆通行门洞和人行通道,其净高、净宽应满足道路通行相关规定要求,门洞支架两侧必须设置高度不小于0.8m的混凝土条形基础。门洞前方应设置限高、限宽门架,门架基础牢固并满足防撞要求,与门洞距离不宜小于30m。夜间应加设警示灯。

11.3.4 跨越航道施工应按航道设计适时设置助导航标志,并对施工船舶进行统一管理。

11.3.5 跨越铁路施工时,应符合《铁路营业线施工安全管理办法》(铁运〔2012〕280号)的相关规定。

11.3.6 施工作业完毕,应迅速清除障碍物,消除安全隐患。

12 拆除工程

12.1 一般规定

12.1.1 施工单位必须具备相应的资质等级。

12.1.2 施工单位应充分熟悉拆除工程的图纸和资料,进行现场勘察,对拆除工程涉及区域的地上、地下建筑及设施分布情况进行复查,并根据工程特点编制施工组织设计和安全专项方案。拆除拱、梁等较易坠落、坍塌的工程,可能影响行人、交通、电力设施、通信设施或其他建、构筑物安全的拆除工程以及采用爆破拆除的工程,其安全专项方案必须通过专家论证。

12.1.3 施工前应将有关资料报送建设单位,由建设单位按规定报备。内容包括:施工单位资质等级证书;拟拆除建(构)筑物及可能危及毗邻建筑的说明;拆除施工组织方案;堆放、清除废弃物的措施。

12.1.4 施工前应对用于拆除工程的相关设备进行检查,确保其安全性能符合要求,特种设备应有检测检验合格证。

12.1.5 在进行挡水、排水结构(或构造)物拆除前,应做好临时排水设施。

12.1.6 拆除现场应设定警戒区,设置安全标志及警示灯,并安排专人值守,必要时应设置围挡,无关人员不得进入施工区域。拆除施工中,应有专人负责监测,一旦发生险情或异常情况时,应立即停止施工,查明原因并排除险情后,方可继续施工。

12.1.7 雷电、大雨、大雪、浓雾、6级以上大风天气及夜间不宜进行拆除作业。

12.2 机械拆除

12.2.1 施工单位应严格按照施工方案及安全专项方案进行拆除作业。

12.2.2 拆除桥梁等结构物时,应自上而下进行拆除,先拆除桥面的附属设施及护栏等非承重结构,后拆除承重结构。拆除时应保持结构物的对称性、均衡性,保持未拆除部分结构的相对稳定。

12.2.3 拆除过程中严禁上下同时作业,严禁从高处向下抛掷废料。

12.2.4 采用破碎机械拆除时,破碎机械应停放在安全的位置。破碎梁体等混凝土结构物时必须逐片拆除;破碎过程中遇到钢筋需要切割时,必须停机,切割后方可继续施工。

12.2.5 切割拆除时,待切割块件必须先进行可靠吊装固定,再进行分离作业;作业时,必须控制切割速度和前进压力。

12.2.6 逆作业法切割拆除悬浇(悬拼)混凝土连续梁桥时,应严格按照施工方案进行临时固结;建立监测监控体系,发现异常应停止拆除,及时采取支护加固措施。

切割前应按施工方案划定切割线,切割过程中必须按线对称切割。块件下放时,必须严格实行统一指挥跟踪监测,保证两侧块体同时下放。

12.3 爆破拆除

12.3.1 施工单位应具有爆破施工企业资质证书,并取得工程所在地法定部门核发的《爆破物品使用许可证》,从事爆破拆除施工的作业人员应持证上岗。

12.3.2 爆破拆除应进行专门设计,编制安全专项方案,并经有关部门审核批准后方可实施。

12.3.3 爆破拆除作业时的警戒、信号、爆后检查、处理等相关要求及爆破物品管理应符合《爆破安全规程》(GB 6722)的规定。

13 其他工程

13.1 一般规定

13.1.1 进入施工现场的车辆应按指定路线、规定速度行驶,凭证出入,履行登记手续。

13.1.2 应强化作业人员班前安全教育,作业人员应在指定区域内施工,不得在主线上随意穿行。

13.2 房建工程

13.2.1 房屋建筑工程施工安全管理应符合国家、行业及本规程的相关规定。

13.2.2 施工单位专职安全员配备除应满足本规程相关规定外,同时应满足建筑面积10000~50000m² 不少于2人。

13.2.3 房屋建筑工程开工前,应编制施工组织设计,制订相应的安全技术措施,危险性较大的工程按本规程要求编制安全专项方案。

13.2.4 开工前,施工单位应根据建设单位提供的施工现场及毗邻区域内水、电、气、通信等地下管线资料进行复查,必要时应采取迁移、保护或加固措施,确保施工过程的安全。

13.2.5 施工现场必须实行封闭式管理,除施工现场主要出入口外,必须沿工地四周连续设置围挡。

13.2.6 施工过程中,不得在尚未交工的建筑物内设置员工宿舍。

13.2.7 钢结构大棚安装应符合下列规定:

(1)安装时,应设定警戒区,并设置安全标志和警示灯;高空安装作业时应按规定设置人员通道和作业平台。

(2)吊装前,应有专人对吊点、吊钩、索具、电源等进行检查。

(3)已安装的梁、柱在未安装支撑前,应用缆绳等措施固定。

(4)钢屋架构件应尽可能在地面组装,并搭设进行临时固定、电焊、高强螺栓连接等工序的高空安全设施,随构件同时吊装就位。吊装完毕后,应将安全网铺设固定。

(5)大风、雨天时不宜进行露天作业。遇6级以上大风时,严禁吊装和高处作业。严禁在垂直方向上下同时交叉作业。

13.3 绿化工程

13.3.1 开工前,施工单位应编制施工组织设计,制订相应的安全技术措施。

13.3.2 施工时应设置警戒区,并设置安全标志。作业人员进入施工现场必须佩戴安全帽、穿反光背心。

13.3.3 起重作业时,相关的机械设备和人员的资质、资格应符合本规程的相关规定。

13.3.4 高边坡绿化作业时,施工单位应采取可靠措施,防止作业人员发生意外事故。

13.3.5 洒水车车尾应设有警示标志及警示灯。

13.3.6 严禁利用拖拉机、翻斗车等施工机械载人。

13.4 监控、收费、通信系统及配电照明

13.4.1 施工安全管理应符合国家、行业及本规程的相关规定。
13.4.2 开工前,应编制施工组织设计,制订相应的安全技术措施。
13.4.3 进入施工现场的作业人员必须佩戴安全帽、穿反光背心。
13.4.4 起重作业时,相关的机械设备和人员的资质、资格应符合本规程的相关规定。

13.5 交通安全设施

13.5.1 开工前,施工单位应编制施工组织设计,制订相应的安全技术措施。
13.5.2 进入施工现场的作业人员必须佩戴安全帽、穿反光背心。
13.5.3 标志标牌安装时,应按规定设定警戒区,设置安全标志。
13.5.4 起重作业时,相关的机械设备和人员的资质、资格应符合本规程的相关规定。
13.5.5 使用高空作业车进行高处施工作业时,施工人员必须遵守高空作业车的安全操作规程。高空作业车的稳定性能、作业性能、绝缘性能等应符合《高空作业车》(GB/T 9465)的有关规定。

14 恶劣气候及夜间施工

14.0.1 应根据不同气候条件制订相应的安全技术措施,完善安全防护设施,适时组织专项安全检查。
14.0.2 应及时收集天气预报,掌握天气变化情况,并建立台账,遇有恶劣气候及时预警。
14.0.3 恶劣天气后,复工前应对机械设备进行检查。
14.0.4 冬期施工前,应对消防器材及设施进行一次全面检查。落实防冻、防滑、防火和防煤气中毒的安全防护措施。
14.0.5 雨期来临前应对临时设施、支架、脚手架、起重设备、机电设备、临时用电线路、基坑边坡等进行全面检查,落实防汛、防触电、防雷击、防坍塌的安全防护措施,雨后及时组织复查。
14.0.6 台风来临前,应对驻地临时用房(设施)、脚手架、塔吊、龙门吊等进行检查,落实防台风措施。
14.0.7 高温季节期间应合理调整作业时间,配备防暑降温物品,落实防高温、防中暑、防食物中毒的安全防护措施。
14.0.8 夜间施工应符合下列规定:
(1)施工单位必须提前向监理单位申请夜间施工报备,未经批准,不得安排夜间施工。
(2)施工单位应制订夜间施工安全技术措施。对于危险性较大工程必须制订夜间施工安全专项方案和应急预案,完善现场应急处置措施。
(3)施工单位应严格执行项目负责人带班生产制度,加大夜间巡查力度。
(4)施工现场必须有满足要求的照明设备,为施工人员、施工车辆和设备提供充足的照明和反光标识。施工区必须设置警示灯,所设置的交通标志必须具有良好的反光功能。